让青少年受益终身的智慧游戏

荣获天津首届优秀科普作品奖

天马任我行

丰富想象力的思维游戏

盛文林◎编著

思考是我们揭示隐藏于事物背后规律的必要手段

U1008084

激发潜能的智力游戏

唤醒大脑中沉睡的细胞

天津出版传媒集团
天津科学技术出版社

图书在版编目（CIP）数据

天马任我行：丰富想象力的思维游戏／盛文林编著
—天津：天津科学技术出版社，2011.5（2020.6 重印）
（让青少年受益终身的智慧游戏）

ISBN 978-7-5308-6312-1

Ⅰ. ①天… Ⅱ. ①盛… Ⅲ. ①智力游戏—青年读物②智力游戏—少年读物
Ⅳ，① G898.2

中国版本图书馆 CIP 数据核字（2011）第 062395 号

天马任我行：丰富想象力的思维游戏
TIAN MA REN WO XING : FENG FU XIANG XIANG LI DE SI WEI YOU XI

责任编辑：郑　新
出　　版：天津出版传媒集团
　　　　　天津科学技术出版社
地　　址：天津市西康路 35 号
邮　　编：300051
电　　话：（022）23332674
网　　址：www. tjkjcbs. com. cn
发　　行：新华书店经销
印　　刷：三河市兴国印务有限公司印刷

开本 710×1000　1/16　印张 12　字数 200 000
2020 年 6 月第 1 版第 2 次印刷
定价：36.00 元

前言

QIANYAN

爱因斯坦对想象力极为推崇，他曾说："想象力比知识更重要，因为知识是有限的，而想象力概括着世界上的一切，推动着进步，并且是知识进化的源泉。严格地说，想象力是科学研究中的实在因素。"那么，到底什么是想象力呢？

想象力是人在已有形象的基础上，在头脑中创造出新形象的能力。想象力是人类为了知识或者艺术的创造目的，而进化出的有意识的观念的能力。古希腊哲学家亚里斯多德说：想象力是发明、发现及其他创造活动的源泉。正是因为有想象力，我们才能创造发明，才能改造世界。如果没有想象力我们人类将不会有任何发展与进步。

爱因斯坦能够在头脑中做相对论实验；牛顿能从一颗掉落的苹果想到万有引力；哈里波特的作者罗琳在动笔写小说前要在头脑中虚构并未发生的故事情节；一个音乐家在作曲时，要在头脑中不断地将音符进行组合，直到形成一段美妙的旋律；画家在创作时，要在头脑中模拟各种色彩的搭配，还要模拟图画中各个图景的布局，毫无疑问，这些都需要想象力。

再比如，销售人员在会面一个客户时，他需要在头脑中预演见面的情况，当对方不耐烦该怎么办，当对方秘书挡驾该怎么办，当对方提出一个刁钻的问题该怎么办，并且针对不同情况要考虑自己该说什么话，该有怎样的行为举止。这些都需在见面前在头脑中进行模拟。

可见，无论在生活中还是在工作中，想象力都有着广泛的应用。我们应该对这种能力进行有意识的培养。

正是由于想象力对人类是如此重要，所以很多国家很注重从小培养和开发孩子们的想象力，世界上科学发明创造最多的国家都是国民想象力非常丰富的。

想象力是人类创新的源泉；想象力的魅力在于它可以将你带入一个虚拟世界，实现现实生活中不可能实现的梦想；想象力的作用就是它可以使你享受快乐，享受惊奇，享受自由，享受现实生活中少有的感受。

想象力丰富，应该说是生活环境的影响和个人有意识培养的结果。有人抱怨自己天生就不是有丰富想象力的人，其实每一个人天生都具有一定的想象力，但要使之丰富，就需随时注意培养。

要让自己的想象力变得丰富，首先要积累广博的知识和生存经验；其次要保持和发展自己的好奇心；再次应善于捕捉创造性想象和创造性思维的产物，进行思维加工，使之变成有价值的成果。

心理学家证明，在大脑的感受区、贮存区、判断区和想象区四个功能部位中，一般人对想象区只动用了想象力的15%；同时证明，青少年时期是想象力开发和培养的关键期，所以想象力的锻炼和培养对他们来说尤为重要。

本书为你提供的是一种培养想象力十分有趣的方式，它让你在游戏中不知不觉地提高想象力。想象分为情境想象、创意想象、发散想象、图形想象、空间想象、假设想象、原型想象、再造想象等许多类别，我们在编写本书的过程中就是通过各类思维游戏来全方位地培养和提高我们的综合想象力。

在奇妙有趣的思维游戏中，激发想象力，培养想象力，丰富想象力，让你展开想象的翅膀，自由自在地飞翔在一个妙不可言的绚丽世界中。

目录
CONTENTS

第三部分　创意想象类游戏

第五部分　空间想象类游戏

第七部分　其他想象类游戏

想要帮孩子快速训练思维游戏技巧？
获取本书【高效阅读】服务方案
★微信扫码，根据指引，马上定制体验

第一部分

情境想象类游戏

想象是千奇百怪、丰富多彩的，在培养想象力的诸多手段中，创设情境，对于想象活动的展开，进一步发展创造力十分有效。因此，精心创设优化的情境，有目的地在观察中展开想象活动，并使创造性的想象活动与语言实践紧密结合起来，最终能产生“新”“奇”“趣”的图景。

创设优化的具有审美氛围的情境，在观察情境中展开审美活动，同时与自己的创造性思维活动结合在一起，把重点放在创造性想象能力的培养上，在审美活动中展开合理和丰富的联想活动。可以观察客观表象，展开审美活动，激发情感共鸣。在观察客观表象时，不仅要感知客观表象的形态和美的本质，而且要移情于美，移情于境，引起情绪和情感的强烈反应，只有这样，才能展开丰富的具有启迪性的联想活动。

情境想象类的思维游戏作为一种培养思维的载体形式，集实用、有趣、审美于一身，使青少年在情感上乐于接受，能力上可以达到，形式上活泼有趣，内容更加符合青少年的认知水平，从而可收到较好的培养想象力的目的。

本部分创设了各种各样的生动有趣的情境，在每一种情境中，我们都会遇到一个奇怪好玩的问题，吸引我们发挥自己的想象力，寻找到新奇有趣的答案。

不怕死的人

有一群人同乘一条船，他们在闲聊。这时船慢慢沉了下去。但是没有人惊慌，也没有人去穿救生衣，或者上救生艇逃命，大家还是按照原来正在做的事情继续做下去，直到船沉没了，你知道这是为什么吗？

惨遭“失手”

身为举重运动员的甲，能轻易地举起200千克的东西。可有一天，他竟然连一件100千克重的东西都举不起来，请问是什么原因造成甲失手？当然，他没有生病也没有受伤。

犬吠依旧

某富翁的左右邻居都养狗，一到晚上，这两条狗就吠叫不停。无法忍受这种折磨的富翁，便出搬家费100万元，希望左右邻居搬走。的确，两个邻居是连狗一起搬家了，但是一到夜晚，富翁还是可听到完全相同的狗吠声。这是为什么？

观看足球赛

儿子和爸爸在观看巴西的足球赛，球赛中场休息的时候，爸爸问儿子：“放在右脚旁边，而左脚碰不到的是什么东西？”儿子灵机一动就答对了。你知道爸爸指的是什么吗？

养鱼喂饵

望着空空的鱼缸，他呆呆地出神，自从女友走后，他家就再也没有养过鱼。可是，当他看着空荡荡的家时，他下定决心要养一些红金鱼和蓝金鱼。他所养的金鱼大小差不多。可过了一段时间，他说，蓝金鱼吃掉的饵食比红金鱼多两倍。你说这是什么原因？

丈母娘的考问

甲第一次去未婚妻乙家时，乙的母亲想试试他的智力。便故意问他："如果有一天我和乙一起掉到河里，而时间只允许你救起一个人的话，你先救谁？"甲一时为难了，心想：如果说先救乙，她母亲肯定不乐意；如果说先救乙的母亲，她会知道这显然是骗她。他想到了一个好的答案，使大家听了都很满意。你知道他是怎样回答的吗？

言行不一

一个女子最讨厌抽烟的人，同时她也是一个不说违心的恭维话的人。这天，她去一个朋友家，参观新房后，连声说："抽烟好！抽烟好！"请问这是为什么？

灵异事件

有一个女孩在北大哲学系读书，她每天早上都在8点挤公交车去上学。今天她挤上车后恰好有一空位，女孩坐上去后不知不觉地就睡着了。突然一觉醒来，发现全车除了她空无一人，但车子还在前进，她吓出一身冷汗。但站起来看了一眼后，她却笑了，这是为什么呢？

捉拿归案

某男犯有盗窃罪，总怕他的同伙去自首，所以终日不安。他妻子劝他去自首，他非但不肯，反而毒打妻子。他父亲也劝他去自首，他吹胡子瞪眼地大骂父亲，就是不肯去自首。

后来，他为了逃避罪责就写了一封信给他的同伙，妄想同他订立攻守同盟。白天他不敢出去寄信，于是就在晚间出去寄。只是，当他寄出信后，第二天就被捉拿归案了，是他的同伙告发了吗？没有。

你知道这是怎么回事吗？

租房的问题

有一家三口人突然要去另外一个城市工作，他们要在那个城市租住，但那个城市游客特别多，所以一时租不到房。

这天，他们总算找到了一个价格合理条件不错的房子。但是当他们要租住的时候，房东却告诉他们，这房子不租给带孩子的用户。

丈夫和妻子听了，一时不知如何是好，于是他们默默地走开了。

这时他们的孩子对房东说了一句话。房东听了之后，高声笑了起来，喜欢上了这个聪明的孩子，并把房子租给了他们。聪明的读者，你能想到孩子说的是什么吗？

避免车祸

有一辆没有开任何照明灯的卡车在漆黑的公路上飞快地行使，天还下着雨，没有闪电，没有月光，也没有路灯。就在这时，一位穿着一身黑衣的盲人横穿公路！在这千钧一发之际，汽车司机紧急刹车了，避免了一次恶性事故的发生。司机为什么能够做到这一点呢？

天上掉下番茄汁

在澳大利亚的一个农场里，有一个马虎先生，他家里自制了很多番茄汁。有一天，他的小儿子里根站在窗下，可是淘气的哥哥却把番茄汁朝弟弟的头上倒下去了。番茄汁正好成一条线，落到小儿子的头上。马虎先生急忙赶到窗户边一看，真奇怪！小儿子的头上一滴番茄汁也没有，地上也没有撒下去的痕迹。请问，这是为什么？

自杀未遂

甲因为忍受不了生活的压力，就写好了遗书准备自杀。一天夜里，甲来到了公路上，看见对面亮着两个前灯的汽车正快速向他开来。甲紧闭双眼，打算迎接死神的到来。当汽车飞驰而过时，甲以为这次必死无疑了。然而，当他睁开双眼却发现，自己正好端端地躺在公路上，毫发无损。你觉得这可能吗？

更安全的地方

某个动物园中，有两只狮子趁管理员一时疏忽忘记把笼子上锁的机会逃出来，在公园内窜来窜去。人们一边避险，一边找管理员，而管理员却躲到一个更安全的地方。你认为此地为何处呢？

乖乖摘帽

某人头上有一个伤疤，所以他终年戴着顶帽子，而且很少在别人面前把帽子摘下来，但是，每当他去见一个人的时候，他总是乖乖地摘下帽子，你知道谁有这么神通广大吗？

老人的反击

一位患了中耳炎的老人和一名男青年同乘一部电梯，男青年忽然朝他大骂道：“真混蛋！你这老家伙的耳朵怎么这么臭？”你猜老人说了一句什么话去反击男青年？

为何不写

老师出了一道作文，题目是“假如我是个董事长”，同学都用心在写，可是李明却不动笔，这是为什么呢？

黑夜读报

在一个漆黑的夜晚，李甲正在自己的房间里看报纸。突然停电了，屋里顿时漆黑一片，伸手不见五指。但是，李甲似乎根本没有受到停电的影响，仍然在那儿聚精会神地读报。这到底是怎么回事呢？

孔融的回答

孔融六七岁时便聪明过人。一次，许多人当着孔融的面夸赞他，只有一个姓陈的大夫说：“小时候聪明的人，长大了不一定怎么样。”你能想出孔融是怎样回答他的吗？

过河妙方

一批士兵在严寒的冬天过河接受训练，尽管天气很冷，可河面上还只是结了一层薄薄的只有五六厘米厚的冰，冰上面覆盖着一层雪。很明显这样踩在冰面上是很危险的，只有等到冰层达到七八厘米才会安全。大家正着急的时候，王利便想出了一条妙方。士兵们只等了一会儿，冰层的厚度就达到了8厘米以上。你知道他想出了一条什么妙方吗？

爸爸的考题

吃晚餐时，爸爸出了一道难题考牛牛。他拿出一颗鸡蛋说："牛牛，你能把这颗鸡蛋立在桌子上吗？"牛牛左弄右摆，怎么也立不起来，只好向爸爸投降。此时，爸爸轻而易举地就把鸡蛋立起来。请问，他是怎么办到的呢？

最好笑的故事

吴天耳朵听不见，但他却不愿让别人知道自己是聋子。

一天，吴天请几位朋友吃饭，一位朋友讲了一个有趣的故事，大家都笑了，吴天也跟着大笑，并说这真是一个有趣的笑话。然后吴天又郑重地宣布说："我也要给你们讲一个更有趣的故事……"

果然，当吴天把故事讲完，大家的确笑得更厉害了。

你知道吴天讲的是一个什么故事吗？

证明凶手的物品

在一个宽大的封闭演出场里，一个主持人中枪身亡。随着一声玻璃破碎的声音，有什么东西被扔出了场，可能是凶器。确定犯人就在现场，主持人中枪一瞬间在场的人都停止了动作，也就是说并没有将什么可疑的物品藏入什么地方。请大家想象一下，这时在犯人身上有没有什么明显可以证明他是犯人的物品？可以任意发挥想象，说得过去就行。

纪晓岚妙语应答

元宵节，乾隆皇帝带文武百官，齐登城楼看灯，只见眼下是灯山人海，鞭炮齐鸣，热闹异常。乾隆非常高兴，就问身边的官员："这城楼下有多少人？"

众人面面相觑，谁也不知道该如何回答才好，他们都回头看着纪晓岚，希望他可以替大家解围。只见纪晓岚说："皇上，楼下虽然人数众多，但算起来，不过两个，一个为名，一个为利。"乾隆听后，哈哈大笑。

又一次，乾隆微服出巡，恰巧，这时有一家人出殡，抬着棺材往城外走去；而另一家娶亲，抬着花轿经过。乾隆问纪晓岚："纪爱卿，人人说你聪明过人，朕现在问你，你说全国一年生多少人，死多少人？"

这是个很难的问题，因为每年臣民的生死情况是不同的，但纪晓岚却回答上来了，而且乾隆听后，也很满意。

读者朋友，你知道纪晓岚是怎么回答的吗？

遭遇车祸

马路上发生车祸碰撞事件，当警察立刻赶往时，司机全力相助，但一人业已死亡。按照司机的说法，此人并非死于车祸，而是因肺癌丧命。同在车上的只有司机和死者二人，根本没有目击者。但是，警察却立刻明白，司机并没有说谎。这是为什么呢？

坚强的儿子

从前，当古罗马城陷入纷乱的时候，有位母亲对想趁着乱世称雄的儿子这么说："如果你正直的话，就会被大众所背叛；但如果你不正直，就会被神遗弃。反正都没有好下场，你就别强出头了。"

这位坚强的儿子不但不放弃，还利用这番话中的盲点说服了他母亲。

你知道他是如何反驳的吗？

聪明的狱吏

国王视察监狱。他问一名犯人被判处何种徒刑。

"终身监禁，陛下！"

"典狱长！传我的命令，判处他一半终身监禁。"

典狱长心中叫苦："天呢！该怎样执行国王的命令？"

后来有一个聪明的狱吏，想出了一个绝妙的办法，解决了这个难题。

你知道这个狱吏是怎样解决的吗？

儿子的安危

海啸过后，电视台和电台不断播出灾情和寻人启事。有一个老人的儿子在海啸发生之前就在那里工作，一直没有回来，邻居挺替老人担心的。一个邻居问："你的儿子有没有打电话回来？"老人说："没有。"邻居说："那么，有没有电视台或者电台播放了你儿子的消息？"老人说："也没有，但是我知道他平安无事。"

你能猜出老人是怎么知道的吗？

哲学的应用

有这么一个故事：甲借给了乙一百元钱，并信誓旦旦地说保证一个月后还清。

结果一个月到了，乙却不同意还甲的钱。

乙的理由是这样的："最近我们不是学习哲学了吗？根据老师所讲的哲学道理，我既不用还钱，也不会受到惩罚，老师说一切都在不断变化，人不能多次踏进同一条河流，因为河流眨眼间就变了。从向你借钱到现在已经一个月了，现在的我早已不是向你借钱并对天发誓的我了。所以，你不应该向现在的我要钱，只能去向一个月前向你借钱的那个我要钱。"

甲听后非常气愤，抓住乙痛打一顿。乙扬言要到法院去告甲，并向他索要医药费。

甲只说了一句话就把乙反驳得哑口无言。请问：你知道甲说的是什么话吗？

乘　车

一个青年乘上一辆公共汽车，他发现买票的人（包括他在内）只占了车上人的 1/3。可汽车一直开到终点，司机和售票员也没有向另外 2/3 的人索要车票。你知道这是为什么？

牛吃草

草地上画了一个直径 10 米的圆圈，内有牛一头，圆圈中心插了一根木桩。牛被一根 5 米长的绳子拴着，如果不割断绳子，也不解开绳子，那么此牛能否吃到圈外的草？

买东西

一个聋哑人在商店买钉子。他先把右手食指立在柜台上，左手握拳向下做敲击的动作，售货员给他拿来了一把锤子，哑巴连连摇头，于是售货员明白了他想买钉子。哑巴买完钉子后高兴地走了。这时又进来了一个盲人，他想买一把剪刀，请问他会怎么做？

惊魂之遇

范哲终于考上医科大学，有天晚上在校园里，他竟然看到了一个死去多年的高中同学，知道为什么吗？

耳光和吻

一天，姐姐、妹妹和一个高个男人、一个矮个男人同在一家西餐厅相邻的桌子上用餐。正吃着呢，餐厅突然停电。就在这个时候，突然响起了一下亲吻声，接着又听见啪的一声打耳光的声音。

不久，灯亮了。出于保持斯文的心态，四个人依然各自用餐，显得若无其事，但各自都在心里琢磨着。

姐姐想："哪个流氓对我妹妹做这么下流的事？幸亏妹妹反应机敏打了他一耳光。"

妹妹想："矮个真讨厌，竟然敢偷吻姐姐。打他一耳光算便宜他了。"

矮个想："我可真倒霉，高个做错事反倒要我替他挨打。这倒好，我怎么解释都解释不清了。"

这真是奇怪了，到底是谁偷吻了谁？谁又打了谁呢？你推测一下吧。

奇异之事

有一天，一群绑匪绑架了一位大公司的老总，并将这位老总一人关在地牢里。

地牢只有一处进口，而且地牢的进口及周围都有人进行彻夜防守，没有一点漏洞。可第二天一看，里面却多出一个男的。请问，你知道这个男的是怎么进去的吗？

越狱的黑客

有一个绝顶聪明的黑客，他曾用电脑轻松地窃取了某国的国防机密。当然，他最终被警方抓获，并被处以终身监禁，关押在一个保安系统最为严格先进的监狱里。

监狱给他安排了一间单人牢房，里面只有一张床和一个马桶。他在监狱里表现很好，从不违反规定。

但不可思议的是两年后的一天晚上，他突然从监狱里消失了。确切地说是他越狱逃跑了。

警察在他的床底下找到了一条通往监狱外面的长达 50 米的地道。根据警方的估计，挖这样一条地道，要挖出的土至少有 7 吨。可是警察在他的牢房里连一点灰尘都没有找到，难道他把土吃了不成？

警察请来了一位著名的侦探。侦探来到监狱后，经过仔细勘察，终于搞清楚了他越狱的方法。

他到底是怎么做到的呢？

盲人取袜

两个盲人分别买了两双黑袜子和两双白袜子，8 只袜子的布质、大小完全相同，且每双袜子都由一张商标纸连着。两个盲人不小心将8只袜子混在了一起。

请问：他们怎样才能分别取回黑袜子和白袜子呢？

谍海女王的杰作

玛塔·哈丽是世界间谍史上最出色的间谍，人称“谍海女王”。她成功窃取了英国19型坦克设计图。在第一次世界大战中，德国情报机关获知，有一份英国19型坦克设计图藏在法军统帅部高级机要官莫尔根将军家的绝密金库中。德国情报机关当即命令哈丽尽快获取该图。哈丽是荷兰人和爪哇人的混血儿，天生丽质，美貌绝伦。她在巴黎是有名的大舞星。因此，哈丽精心地筹备了一次家庭舞会，并巧妙地邀请莫尔根前来赴会。在舞会上，她大大方方地与莫尔根相识了。以后，哈丽借故拜访了莫尔根两次，两个人打得火热。不久，哈丽向莫尔根表达了自己的“爱慕之心”，莫尔根受宠若惊。哈丽知道莫尔根的夫人已去世多年，便请求到他家里居住，以便朝夕相伴，纵情相爱。莫尔根欣然允诺，哈丽于是担当了家庭主妇的角色。在打扫房间时，哈丽终于发现了密库，但上面有密码锁，怎样也打不开。这时，柏林方面来电，指示她在24小时内送出情报，并告诉她密码可能是6位数。晚上，她在莫尔根的酒里放了大量安眠药。莫尔根几杯酒下肚，倒头便睡。哈丽趁机又去开密码锁，但还是打不开。她感到绝望了，靠在墙上，眼神呆呆地看着对面墙上的挂钟。这是一个古老的挂钟，由于年代久远，已经不能正常工作了，挂钟的指针一直停在9时35分15秒。突然，哈丽像是想起了什么一样，转身在密码锁上输入了几个数字。啪的一声，密库开了。

最终，哈丽凭借着自己的美丽和机智，取得了英国19型坦克的资料，为间谍史写下了绝妙的一笔。

哈丽是怎么想到密码的呢？

前方作业

总指挥拿对讲机要求 4 位下属报告工作情况。A 说："B 正在我的前方作业。" B 说："C 正在我的前方作业。" C 说："D 正在我的前方作业。" D 说："A 正在我的前方作业。"

请问：存在这种工作情况吗？

参考答案

不怕死的人

这些人是在潜水艇里。

惨遭“失手”

因为他要举起的是他自己。

犬吠依旧

两邻居互相交换房屋。

观看足球赛

左脚。

养鱼喂饵

他所养的蓝金鱼数量比红金鱼多两倍。

丈母娘的考问

他说：“先救未来的妈妈。”这句话可以作两种理解，对乙的母亲说，是甲未来的妈妈；对乙来说，未来结婚后有了孩子，当然现在就是未来的妈妈。

言行不一

她夸的是排油烟机好。

灵异事件

车子抛锚了，司机和乘客都在下面推车。

捉拿归案

事后他才知道，由于晚上看不清，再加上慌张，他把信投到举报箱里去了。

租房的问题

小孩说：“先生，我要租这间房子。我没有孩子，我只带来两个大人。”

避免车祸

漆黑的公路是公路的颜色，当时是白天。

天上掉下番茄汁

他抬起头，张开嘴将番茄汁喝了。

自杀未遂

可能。迎面而来的两个前灯分别是两辆车的，这两辆车从他两侧通过。

更安全的地方

关狮子的笼子里。

乖乖摘帽

理发师。

老人的反击

老人对男青年冷冷地答道："因为它听多了脏话。"

为何不写

他在等秘书替他写。

黑夜读报

李甲是个盲人，他用盲文读报，当然不会受到停电的影响。

孔融的回答

孔融对他说："大人小的时候，想必也是很聪明吧！"

过河妙方

有两种办法：一是清除河面上的积雪，使寒冷传至冰层以下。二是在冰面上浇水。

爸爸的考题

只要将鸡蛋往桌上轻轻敲，将底下的蛋壳敲破一点，便能使其稳稳地立在桌面上。

最好笑的故事

吴天讲的就是刚才朋友讲过的故事。

证明凶手的物品

答案很多，这里举一个例子：经过调查，这人的长相很出众，但是主持人却有优于他的长相，所以他的动机是嫉妒主持人的长相，在杀了主持人以后，想着现在就是自己最帅了，应该会看下自己的样子，所以犯人手上应该有镜子。

纪晓岚妙语应答

纪晓岚回答："全国一年，生一个，死十二个。"他是说，一年之中，生的只有一个属相，死的是十二个属相。

遭遇车祸

因为这是辆灵车，死者在车祸前就已经死了。

坚强的儿子

儿子说："如果我正直的话，就不会被神遗弃；如果我不正直，就不会被大众所背叛。所以不论如何，我都不会被背叛的。”这位坚强的儿子不但不放弃，还利用这番话中的盲点说服了他母亲。

聪明的狱吏

这个狱吏想的办法是：按照国王的命令，这个犯人得关一天，放一天，直到他死。

儿子的安危

老人的儿子是电视台或者电台的播音员。

哲学的应用

甲是这么说的：“按照你的逻辑，一切事物都在变化，我也在瞬息万变，现在的我并没有打人，打人的我是过去的我。因此你就去告那个过去的我，让他付给你医药费吧。”

乘　车

唉，这年头，家家都买了小汽车，公共汽车的生意差多了。车上只有一位乘客，那就是这个青年一人，他买了票，司机和售票员当然不会向他们自己索要车票。

牛吃草

能，因为没有说牛是被木桩给拴着的。

买东西

直接说出来要买剪刀。你是不是想说用手做剪子状比划呢？错了，因为瞎子会说话，不需要用手比画。

惊魂之遇

那是解剖台上的尸体。

耳光和吻

这道题帮助大家放松一下，答案其实一眼就可以看出来，只有高个没有任何心理活动。实际情况就是高个自己吻了自己的手，然后又给了矮个一个耳光。

奇异之事

因地牢只有一个进口，且进口及地牢周围都有人进行彻夜防守，人无法进入，所以唯一的答案就是这位老总是女的，她在地牢里生了一个男孩。

越狱的黑客

他把每次挖出的土通过马桶一点一点地冲走，从而不留下一点痕迹。

盲人取袜

盲人无法通过视觉辨别物体，但他们的触觉十分灵敏。顺着这个思路，我们可以尝试找寻问题的答案，即：除了颜色不同外，黑色和白色还有什么不一样的特性？将两条线索归纳到一起，就可以找到解决问题的方法，即将四双袜子放在太阳底下晒相同的时间，因为黑袜子比白袜子吸热更多，所以用手触摸，比较热的那两双是黑袜子，另外两双是白袜子。

谍海女王的杰作

挂钟的指针数就是密码的提示。挂钟指示的是 9 时 35 分 15 秒，而密码是 6 位数。9 时就是晚上 21 时，所以密码的 6 位数是 213515。哈丽就是用这个数字打开了密码锁。

前方作业

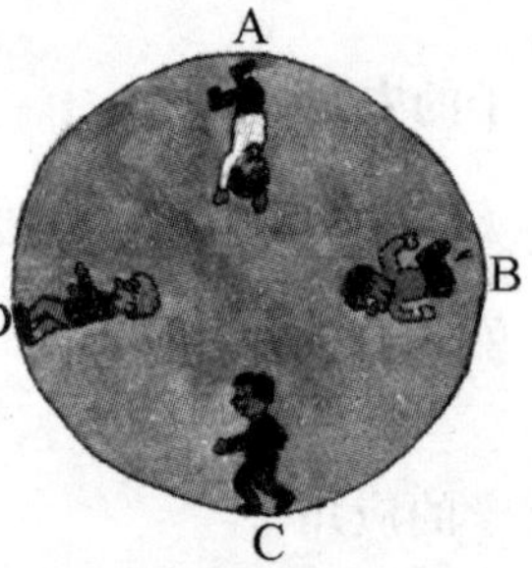

存在。如图所示，在太空舱里作业就是这种情况。

想要帮孩子快速训练思维游戏技巧？
获取本书【高效阅读】服务方案
★微信扫码，根据指引，马上定制体验

第二部分

发散想象类游戏

想象是人脑创新活动的源泉，而发散思维就为这个源泉的流淌提供了广阔的通道。创新思维的技巧性方法中，有许多都是与发散思维有密切关系的。发散思维的主要功能就是为随后的收敛思维提供尽可能多的解题方案。这些方案不可能每一个都十分正确、有价值，但是一定要在数量上有足够的保证。

发散思维，其实就是一种“迁移类比”的能力。如果说一件事是“树”的主干，那么它的枝丫、叶子、根茎等就是思维迁移的结果，迁移类比能力越强，自然枝丫、叶子、根茎等就越茂盛。这里的营养就是人本身在生活中积聚的见识和认知，自然这种积淀越深厚，迁移出来的深层认知就越正确，内涵也就越广阔。

发散想象类的思维游戏，是大脑在思维时呈现的一种扩散状态的思维模式，它表现为思维视野广阔，思维呈现出多维发散状。如“一题多解”“一事多写”“一物多用”等方式，培养发散思维能力。不少心理学家认为，发散思维是创造性思维的最主要的特点，是测定创造力的主要标志之一。

本部分提供了各种饶有趣味的、发散想象类的思维游戏，通过这类思维游戏的练习，可以提高我们思维的活跃性、开放性、多面性，从而提高我们的创造力。

死无葬身之地

卢阳原本是美国人，去年，他们一家已经移民到了日本。同学们非常羡慕卢阳在日本的生活，可是，最近卢阳却向好朋友诉苦，说自己虽然成了日本的美国移民，可是却不能埋在日本的土地上。请问这是为什么？

断臂维纳斯

现在，当人们见到维纳斯雕像时，也许认为当时从土中被发掘时就是这个样子。可实际上，它被发现时是破碎的断片，经过修复加工接合起来才成为现在这个样子。

维纳斯雕像在罗浮宫展出后，人们立刻卷入了对雕像争论的旋涡，其争论范围发展到了美术史和整个美学领域。其中雕像缺两臂的姿态，也许是最使人兴奋的论题了。

这个振奋现代人的杰作，因为欠缺，引起了人们各种想象。你又是怎么想的呢？你能讲出或画出维纳斯所缺两臂的姿态吗？请你提出几个方案来。

离奇车祸

一天，播音员在无线电台播报了一起交通事故。报道说，由于桥梁崩塌，一辆卡车和 12 辆轿车被压。车辆严重受损，但司机却毫无损伤地逃出了驾驶室。当巡警赶到现场时，却不见任何一名轿车司机。当时，也没有轿车司机因此事件而以任何方式投诉。

请问，你知道这是怎么回事吗？

毫发无伤

在赛车比赛中，有辆车撞上大树，车子完全撞烂，开车者却毫发无伤，为什么？

金钱不是万能的

金钱确实可以买到许多东西。但它毕竟不是万能的。请你联想它的作用和局限，将下文写下去，想得越多越好：

（1）金钱能买床铺，不能买甜蜜的梦；

（2）能买书，不能买记忆；

（3）能买食物，不能买食欲；

（4）能买衣服，不能买风度；

（5）能买金银首饰，不能买感情；

奇怪的账

餐厅里，有两对母女在用餐，每人各叫一个50元的牛排，付账是却只付150元，账并没有付错，这是怎么回事？

孪生姐妹

有人曾经说过这样一件怪事：有一对孪生姐妹，姐姐出生在2001年，妹妹出生在2000年。

你说可能吗？

福尔摩斯破案

福尔摩斯花了半天时间，却查不出命案现场有任何线索及目击者，但他随即就宣布破案了，为什么？

比尔·盖茨的考题

据说微软创始人比尔·盖茨多次用下面这道题考那些应聘者。这道题看来是纯粹操作性的。其实盖茨是用来选拔发散—聚合思维过硬的未来微软人的。

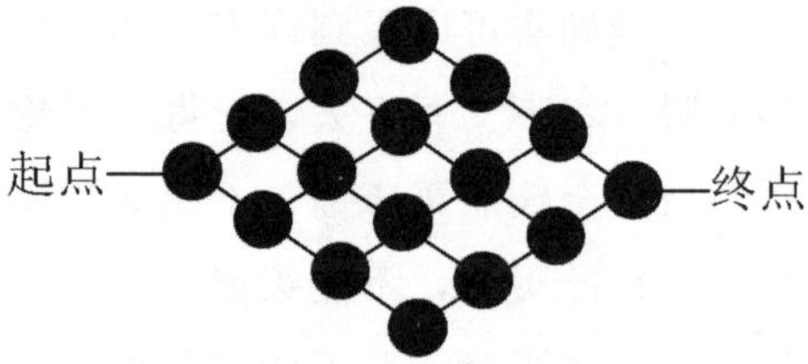

盖茨的开场白是：

人的大脑细胞的总数超过 300 亿个，这些脑细胞构成的神经网络比全世界电话网络的联系还要复杂，要体会一下大脑神经网络运作的感觉吗？

请看右图，从起点到终点共有多少种不同的路径？

注意：你只能从左到右，不能倒退，即到达一个结点后，或者朝上前进，或者朝下前进。

行善的问题

我们说："善有善报，恶有恶报。"但是，报应这种事情是无法证明存在的，也就是说，可能有，也可能没有，就像扔硬币一样，正反面机会是均等的。

那么，你能证明无论如何行善总比行恶好吗？

遭遇“怪胎”

班上新来的两名学生，长得一模一样，而且他俩的出生年月日及父母亲的名字也相同。但当同学们问他们是否是双胞胎时，他们却回答说：“不是。”这究竟是怎么回事呢？

添笔改字

先分别写出两个“王”字，然后在每个“王”字上添两笔，形成的两个字读音相同而字不同。在每个“王”字上加两笔形成的这两个同音字分别是什么？

轮胎漏气

有个人和他的5个好朋友去看艺术展。为了尽快赶到目的地，他们以每小时100千米的时速行驶在240千米长的道路上。2小时20分之后，他们到达了目的地。卸完行李后，他们发现汽车轮胎一直在漏气。

请问：为什么他们在路途中一直没有发现呢？

什么影子最大

你想一下，你所见到的影子中，什么影子最大？

他会变得怎样

一次，一个青年人在路上拾到一张 2 元钱的钞票。从此，他走路时眼睛总是离不开地面，40 年的漫长岁月过去了……

他会变得怎样？请你想象一下。用简洁的语言表达一下。

山道上的和尚

有一天早晨，太阳刚刚升起，一个和尚沿着一条狭窄的山路向山顶攀登。山路只有一两个人宽。沿山盘旋而上，直达山顶的一座寺庙。上山的路，有时陡，有时缓。和尚走得有时快些，有时慢些。一路上他几处歇脚、喝水或吃随身带的干粮。他到达山顶的寺庙时太阳刚好下山。经过了几天的佛事，和尚沿原道下山。他也是太阳刚出山就动身，一路上有行有歇，行的速度有快有慢。当然，他下山的平均速度比上山要快。

现在需要你证明，沿途存在一个地点，无论是上山还是下山，和尚经过这一地点的时间是相同的。也就是说，假如和尚下山经过此地点的时间是下午 3 点，那么，前几天他上山时经过此地点的时间也一定是下午 3 点。

老婆婆报时的秘密

有一个老婆婆，每天坐在门口的瓜棚下做一些碎活。当有过路的行人问她时间时，她总是用双手推一推瓜藤下的一个大葫芦，然后就能报出准确的时间。

除了体积比较大之外，这个大葫芦并不特别，为什么老婆婆推了推它就能知道准确的时间呢？

“反一反”的结果

英国科学家法拉第，把当时已由别的科学家证明的“电流能够产生磁场”颠倒过来想，通过实验证明了“磁场能转变为电”，从而发明了世界上第一台发电机。

还有什么东西是由这么“反一反”而创造出来的呢？请说出至少 4 个。就是用一种简捷明了的判断，依事物的某一属性指派某一特定意义，或者制定某些条例来规范、约束人们的行为，使人们的生活更为方便，人类社会更为有序和稳定。

你身边还有什么东西是由这么“定一定”而创造出来的呢？请说出至少 4 个。

前推后拉的怪事

甲对同学说：“我今天看到了一个怪事情，有一辆载着重物的货车，前面的人用力推，后面的人用力拉，但是货车还是一直往前走，你说奇怪不奇怪？”

同学们不信，都笑他说谎。聪明的读者，你说这种事情可能吗？

严重的错误

一个女孩带着厚厚的眼镜，但这次的视力测验，她有把握双眼的测试结果都在 2.0 以上，因为她事先把视力表给背了下来。

但是，检查开始的时候，她才发现，她犯了一个严重的错误，虽然视力表和她背下来的是一模一样的，但她还是没能通过测试。聪明的读者，你知道这个错误是什么吗？

天知地知

有一件事，天不知道，地知道；你不知道，我知道。

这件事是什么呢？

风　铃

有一个喜欢动手的好孩子，她最喜欢做的就是风铃。这一天，她折了6朵风铃花，用一根1米长的绳子每隔0.2米拴1朵正好。现在她不小心用剪刀剪坏了一朵，重新折的话又没有多余的塑料膜了。现在还要求0.2米拴1朵，绳子不能剩。请问：她该怎么拴？

不可思议

甲跟乙打赌："我可以咬到自己的右眼。"乙不信，甲把假的右眼拿下来放在嘴里咬了五下。甲又说："我还可以咬到自己的左眼。"乙仍然不信，结果，甲又赢了，他是怎么做到的？

探险家渡河

有一队探险家，他们来到未开发的荒芜之地探险。眼前有一条又深又宽的河流阻住了他们的道路。河上没有桥梁，他们也没有船或者可供造船的材料，也没有办法游泳。那么，他们是如何渡河的呢？

眼睛的颜色

假如你坐飞机环球航行，在曼哈顿，你的旁边坐了一位红眼睛的乘客，而前排乘客的眼睛是蓝色的。

当你在纽约转机后，坐在你旁边的是一位棕色眼睛的乘客，而你后排乘客的眼睛是深褐色的。

你又在莫斯科换了一架飞机，这次，你旁边的人的眼睛颜色是深黑色的，而飞机驾驶员的眼睛颜色是浅蓝色的。

你最后到达终点站伦敦，这时你走进洗手间，走过你身旁的人的眼睛是灰色的。你看着洗手间墙壁上的镜子，眨了眨眼。你看到你的眼睛是什么颜色？

精明的考古学家

有一天，一个英国人来到中国，让一个考古学家帮他鉴定一个精制的古董。考古学家认真地观看，发现上面刻着："公元前 12 年"，考古学家立刻断定这是一个赝品。你知道他是怎么判断的吗？

释放犯人

有一个女犯人刑满释放，但是要出狱的却是一男一女两个人，这把门卫搞糊涂了。但是他又接到上级的通知，准许两个人出狱，你知道这是为什么吗？

如何站人

如果有一张不大的报纸，要求你和你的一位朋友同时站在这张报纸上，报纸不能撕开，而且你们彼此也不能碰到对方，你可以做到吗？

奇怪的问题

你能回答下面的问题吗：（1）有没有一个人，他的身体里有三个心脏，但是他活得很正常，并且没有人为这件事情感到奇怪？（2）如果亚洲有一个村庄里，每一个人都只有一只右眼，你认为可能吗？（3）一年中有些月份有31天，有些月份有30天，那么有多少月份有28天呢？

最失败的抢劫

有一群抢匪持枪闯入了市中心的一家大银行，他们破坏了那里的报警系统，控制了局面。当他们要求工作人员交出柜台抽屉里的所有的现金时，银行经理表示，柜台已经没有半分钱了。抢匪要经理打开保险柜，经理照做了，但保险柜中也是空空如也。

这时，警察赶来了，立刻逮捕了抢匪，到底发生了什么事？

时间的问题

广场上的大钟在整点的时候会报时，时间到几点钟就敲几下，并且每到半点时敲一下。有一天夜里，有一个人失眠了，他不知道是什么时候，他先是听见钟表敲了一下，然后过了一阵又敲了一下，再过了一阵又听到钟敲了一下。你能想出现在是几点了吗？

今天星期几

暑假的日子很快乐，因为不上课，所以都不记得今天是星期几了。两个孩子想弄明白到底是星期几，因为星期六有好看的动画片。吉米说：“当后天变成昨天的时候，那么‘今天’距离星期天的日子，将和当前天变成明天时的那个‘今天’距离星期天的日子相同。”

看上去都是比较混乱的逻辑，那么今天到底星期几？他们还能不能看上动画片？

井底之蛙

一只井底之蛙想出去见见世面，于是开始攀爬井壁。每爬一次，就上升3米，但在再次攀爬井壁前会下落2米。已知井深10米。请问：这只青蛙要攀爬几次才能爬出井去？

匪夷所思

一天晚上，住在某旅馆里的一位空姐被人枪杀。

凶手是从30米外对面的屋顶用无声手枪射中她的。

窗户是关着的，窗子上有一个弹洞。从这一迹象看，凶手只开了一枪。但奇怪的是，被害者的胸部和腿部都中弹了——大腿被子弹射穿，胸部也留有子弹。这样看来，凶手好像开了两枪。如果凶手开了两枪，那么另一颗子弹是从哪里射入被害者的房间的呢？这颗子弹又在哪里呢？

大家无法回答，于是去请教大胡子探长，他肯定地回答：中了一枪。

大胡子探长为什么这样说呢？

预测机

人工智能专家发明了一个预测机，任何一个人都可以问它一小时之中会不会发生某件事。如果预测机预知这件事会发生，就亮绿灯，表示“会”；如果亮红灯，就表示“不会”。这个机器一经推出受到很多人的欢迎，特别是警察局的警员，因为这样可以减轻他们的工作任务，只有局长不高兴，因为他知道预测机根本就不可靠，用一句话就可以验证。

那么，你知道局长想到了一句什么话吗？

令人发疯的盒子

请问：盒子的制作者是说真话者，还是说假话者呢？如果你能给出答案，你就可以得到它，来试试吧。

绑票者是谁

一个深秋的夜晚，纽约市某董事长的儿子被绑票了，绑架犯索要 5 万美元的赎金。那家伙在电话里说：“我要旧版的百元纸币 500 张，用普通的包装，在明天上午邮寄，地址是查尔斯顿市伊丽莎白街 2 号，卡洛。”接到电话后，某董事长非常害怕。为了不让孩子的生命受到危害，他只好委托私家侦探菲利普进行调查。因为事关小孩的生命，菲利普也不敢轻举妄动。于是，他打扮成一个推销员，来到了凶犯所说的地址进行调查，结果却发现城名虽然是真的，但是地址和人名却是虚构的。难道凶犯不想得到赎金吗？这当然是不可能的。忽然，菲利普灵机一动，明白了绑架犯的真实面目。第二天，他就成功地抓获绑架犯，并安全救出了被绑架的小孩。

菲利普明白了什么？

奇怪的血缘关系

甲和他的妹妹乙一起在街上散步。这时，甲看着对面的店铺对乙说：“对了，小外甥在这家店工作，我要去看看他，还要顺便买一些东西。”

乙回答：“随你的便，我可没有外甥啊。”

说罢，乙就先走开了。

聪明的读者，你知道乙和那个神秘的外甥是什么关系吗？

宝贝儿子的回答

儿子走进妈妈的房间时，听到一声命令：“不要进来，我的宝贝儿子。”儿子立即回答：“我的确是你的宝贝儿子，但你不是我的母亲。”

这到底是怎么回事呢？

关帝庙求财

太平盛世时，到关帝庙求财祈福的善男信女总是络绎不绝。关公在上面看着，总是微微一笑，他也看到了世间百态。

这日，来了一名香客，他跪下祈求关帝爷保佑他生意兴隆，财源广进。谁知，温和的关公听后大怒，“啪”地一拍桌子，大喝一声：“大胆刁民，有此歹意。当五雷轰顶！”

那香客一听，惊叫一声，赶紧拔腿逃了出去。

关公旁边持刀的周仓看了，大笑说：“此人肯定是个祸害百姓的不法之徒。”

关公笑了笑，说：“不，他是个规矩的生意人，做的也是合法的生意。”

这让周仓很疑惑了，为什么祈福的香客中，关公单单说这个人有歹意呢？

读者朋友，你想到原因了吗？

未湿的手表

一个人不小心把自己的手表掉进装满咖啡的杯子里。他急忙伸手从杯子中取出手表。但是奇怪的是，他的手不但没湿，连手表也没有湿。你认为他是如何做到的？

企鹅肉

一个人在朋友家吃饭，问朋友这顿饭吃的是什么肉。朋友说是企鹅肉，他就号啕大哭。为什么他吃了企鹅肉就哭了？

满地木屑

马戏团里有两个侏儒，盲人侏儒比另一个侏儒矮。马戏团只需要一个侏儒，马戏团里的侏儒当然是越矮越好了。两个侏儒决定比谁的个子矮，个子高的就去自杀。可是，在约定比个子的前一天，盲人侏儒也就是那个矮的侏儒已经在家里自杀了。在他的家里只发现木头做的家具和满地的木屑。他为什么自杀？

测量牛奶

有一个牛奶瓶，其下半部是圆柱形，高度为整个瓶高的3/4；上半部的形状为不规则形，占瓶高的1/4。现在瓶内只剩半瓶牛奶，在不打开盖子的情况下，如何利用一把直尺，测量牛奶所占整个瓶子的百分比呢？

注：求百分比时，牛奶瓶的内径可不计。

旅行中的抱怨

喜爱环球旅行的比尔，在夏天时，刚好到达中国台湾的嘉义，此时晴空万里，艳阳高照。比尔说："早知道这里和那边一样热，我就不用花 6 个月的时间来了。"请问，比尔的话正确吗？

房子在何处

地球上有一间房子，当你在房子周围走一圈，要确定东、西、南、北的方位时，却发现无论走到哪里都是一样。究竟这里的房子位于何处呢？

自然分开红绿豆

在一个平底锅里，同时炒红豆和绿豆，待熟后，往盘中一倒，红豆与绿豆便自然分开，请问该如何办到呢？

狗狗赛跑

两只狗赛跑，甲狗跑得快，乙狗跑得慢。当他们跑到终点时，哪只狗汗流得较多？

园丁的点子

一位富豪的院子里，新运来一些漂亮的花岗岩，其中一块重达 15 吨，另外一些小的花岗岩也有 150 千克重。这位富豪为了使院子更加美观，想把大的花岗岩放到小的之上，但想要搬动这块重达 15 吨的岩石似乎不太可能。刚好一位新来的园丁得知此事，迅速达成富豪的要求。究竟新来的园丁想到什么好点子呢？

怎样过河

有一条山涧宽 4 米，底下是万丈深渊，非常危险。山涧上没有桥，来往的人都是带着木板过桥。

一天，大人带着 3.9 米长的木板要过去，小孩带着 4.1 米长的木板要过来。但大人的木板太短，小孩的力气又小，搭不成桥。两个人各自着急地站在原处。请问，他们应该用什么方法通过山涧呢？

摸黑装信

阿当有四位好朋友，他们之间经常用书信联络，互动非常密切。一天晚上，阿当分别写信给四位朋友，正当他准备分装信时，却突然停电。因为要赶着明天寄出去，阿当便摸黑将信纸装进信封里，妈妈说他这样会出错，他却说最多只会装错一封信。请问阿当说得正确吗？

糊涂答案

一位驼背的老年人和瘸腿的年轻人路过一个陌生村庄，迎面走来一位中年人。好奇的中年人问年轻人："这位驼背的老年人是不是你父亲？"年轻人很肯定地回答："是的。"中年人又到前面去问老年人："后面瘸腿的是不是你儿子？"老年人回答："不是。"

然而，中年人为了再度确认，又一次去问年轻人："这位驼背的老年人是不是你的亲生父亲？"年轻人仍然肯定地回答："是的。"中年人又再一次到前面去问老年人："瘸腿的年轻人是不是你的亲生儿子？"老年人同样回答："不是。”但事实上老年人和年轻人说的都是真话。请换个方向思考，究竟老年人和年轻人是什么关系呢？

五只兔子

一个农民拿了5只兔子到集市去卖。回来时，他不仅带回了钱，而且还带回了那5只可爱的兔子，请猜一猜，这是为什么？

奇怪的医院

一个小伙子和朋友在周末的晚上举行了一次聚会。会后，他因为吃多了，肚子忽然难受起来。朋友们赶紧带着他上医院，一路上天黑灯暗，忽然，他们看到“医院”两个大字，便“砰砰”地拍起了门。

“请开门，有病人！”

“什么？病人？这儿不给人看病！”

请问，这医院为何不给人看病？

上当了

有一个村落里的人们喜欢打赌比赛说谎，看谁能够骗得了谁，其中有一个人以素来不会上当而出名。有一天，一个小孩对他说：“我有办法可以骗得了你，你相信吗？”这个人不相信，于是小孩说：“我的方法在书本里面，你等我回去翻翻书。”这个人同意了，小孩回家了。

你能想出这个小孩将怎样让这个人上当吗？

为何不爱财

汤姆到处流浪，饱一餐饿一顿的。这天，亨达老板对他可怜又同情，就送给他两样东西——肉排和1000美金。汤姆看了看这两样东西，只是高高兴兴地把那肉排拿走了，请问，汤姆为什么会这样做？

巧取王冠

这是一位记者应邀出席阿拉伯国王的招待会时发生的事情。国王在15米见方的豪华地毯正中放了一顶金光闪闪的王冠。

“各位，谁能不上地毯就拿到这顶王冠？只能用手，不准用其他任何工具。谁能拿到，就把它作为礼物送给谁。”

人们全都聚在地毯周围争先恐后地伸出手，但谁也够不到。这时，这位记者微笑着说：

“好吧，我来试试！”说着，便轻而易举地拿到王冠。

记者是用什么办法取到王冠的呢？

遗产安然无恙

一天，一位年轻的妇女慕名来找警长，说了这样一件事：

“我伯父单身一人，他的财产约有10万元，保存在银行的金库里。然后他把钥匙留给我，留下遗嘱，死后将遗产留给我。上个月，我伯父病故，我到银行去取遗产，金库中只放着个信封。”说着，她从手提包中拿出那个信封。

这是一个极为普通的信封。上面贴着两枚陈旧的邮票，而信封里面什么也没有。

警长把信封拿到窗前明亮处对着光线照看，一无所获。警长沉思片刻，笑着说："小姐，请放心，你的遗产安然无恙。"

那么，10 万元的遗产在哪里呢？

"马"能回来吗

中国象棋遵循"象飞田，马走日"的规则，意思是棋子"象"在棋盘上要走"田"字形，"马"在棋盘上只能走"日"字形。

假设一个棋手将"马"放在棋盘上的任意一个位置上，请问：在走过 999 步以后，"马"能跳回原来的位置吗？

参考答案

死无葬身之地

现在住在日本的美国移民，也就是活着的美国人，当然不能埋葬。

断臂维纳斯

第一种说法：维纳斯左手拿苹果，手臂搭在木台上，右手紧贴腰部。

第二种说法：维纳斯两手拿着胜利的花环，好像是女神正在进行曲艺表演。

第三种说法：维纳斯右手拿着鸽子，左手拿着苹果。

第四种说法：维纳斯正要入水沐浴，左手梳理着头发，右手提着腰布。

离奇车祸

轿车是作为货物由货车载运的。

毫发无伤

那是遥控车比赛。

金钱不是万能的

能买药物，不能买健康；能买奢侈品，不能买教养；能买娱乐，不能买幸福：能买房屋，不能买温情；能买权力，不能买权威；能买选票，不能买人心……

奇怪的账

这两对母女是奶奶妈妈女儿。

孪生姐妹

这是可能的。姐姐是在2001年1月1日出生在一艘由西向东将过日界线的客轮上，而妹妹则是在客轮过了日界线后才出生的。那时的时间还是处在2000年12月31日。所以，按年月日计算，妹妹要比姐姐早1年出生。

福尔摩斯破案

因为凶手自首了。

比尔·盖茨的考题

人应当在尝试具体的路径之前，进行发散性思考和分析，然后设法找到一种简单明了、一目了然的方法。

一共有20种不同的路径，你可

以采取如下方法进行思考和分析：

设法在每个圆圈内写上一个数字，这个数字表示到这个圆圈所有可能的路径的数目。显然，左边起点的圆圈内的数字是1，不难理解，其他的每个圆圈内的数字，等于其左侧与它直接相连的圆圈内的数字。例如，每个填写有数字1的圆圈的左侧都只与唯一的1个圆圈直接相连，该圆圈内的数字是1；填有数字2的圆圈的左侧与2个圆圈直接相连，这2个圆圈内的数字分别都是1，等等。这样，作为终点的最右侧圆圈内的数字就是20。

这说明共有20种不同的路径。

行善的问题

你行恶的时候，如果报应是不存在的，那么你没有什么损失；但是如果报应是存在的，那么你就要受到惩罚。

你行善的时候，如果报应是不存在的，那么你也没有什么损失；但是如果报应是存在的，那么你就会得到回报。

所以可以证明，行善比行恶好。

遭遇“怪胎”

这两个人是三胞胎（或三胞胎以上）中的两个人。

添笔改字

“在”和“再”。

轮胎漏气

漏气的是备用胎。

什么影子最大

地球的影子，就是夜晚。

他会变得怎样

40年的漫长岁月过去了，他收集的纽扣、别针、小螺钉、破鞋底、橡皮筋等杂物足有几筐，连背也驼了，十分可怜。他失去了友爱，失去了对大自然美景的欣赏，也失去了为别人服务的机会。

山道上的和尚

你可以把题中上山的和尚和下山的和尚设想成两个不同的人，但他们是在同一天上下山，那么，他们自然一定会在途中的某处相遇，此处，正是和尚在上山时和下山时同时经过的地方。

老婆婆报时的秘密

因为这个大葫芦挡住了远处钟楼上的大钟，老婆婆只要稍微推开它一些，就可以看到准确的时间了。

“反一反”的结果

由吹风机而发明的吸尘器，由一般的镜子而发明的反光镜，由放大尺而发明的缩小尺，以及自行车刮泥板等。

推后拉的怪事

可能，在走下坡路的时候就是这种情况。

严重的错误

因为她看不到指示棒所指的位置。

天知地知

“我”的鞋底破了。看了这个答案，你可不要笑，事实上历史上有一个很有名的题目和这个很相似，它的题目如下。

他走进树林抓住了它，于是坐了下来找它，因为没法找到它，只好把它带回了家。

这个答案是什么呢？恐怕你想不到，它就是刺进脚板中的一根荆棘。

风　铃

因为并没有要求绳子是直的，所以可以用 5 朵风铃花连成一个圈。

不可思议

他把假牙拿下来咬左眼。

探险家渡河

探险家们是走过去的，河流结冰了。

眼睛的颜色

在读这道题时你的眼睛是什么颜色，那就是你看到的颜色。

精明的考古学家

因为公元纪年始于耶稣诞生之后，所以公元前的人是不可能用公元纪年的，更不可能在上面刻下公元纪年的准确年份。

释放犯人

刑满释放的是女犯人，那个男的是她在监狱中生的孩子。

如何站人

在打开的一扇门下放这张报纸，你站在门这边的报纸上，你的朋友站在门另一边的报纸上，你们就可以不碰到对方了。

奇怪的问题

（1）怀有双胞胎的妇女身体里有三颗心脏。（2）每一个人都只有一只右眼，不可能有两只右眼。（3）一年中每个月份都有 28 天。

最失败的抢劫

当这群抢匪抵达银行前不久，刚有另一帮抢匪洗劫完这家银行。

时间的问题

是一点半。

因为钟敲了三次，每次一下，分别是 12 点半一次，一点一次，一点半又一次。

今天星期几

今天是星期天，当然也就看不成星期六的动画片了。

井底之蛙

8 次。不要被题中的枝节所蒙蔽，每次跳上 3 米滑下 2 米实际上就是每次跳 1 米，因此 10 米花 10 次就可全部跳出，这样想就错了。因为跳到一定时候，就出了井口，不再下滑。

匪夷所思

凶手开枪时，被害者正背对窗子弯腰，子弹射穿了她的大腿后进入胸部，所以表面上看好像是中了两枪。

预测机

局长说："预测机下一个预测结果会亮红灯。"如果预测机亮红灯表示"不会"，那么预测机就预测错了，因为事实上它已经亮起了红灯。如果它亮绿灯说"会"，这也错了，因为实际上亮的是绿灯，而不是红灯。这样预测机就预测不准确了。

令人发疯的盒子

盒子的制作者是说真话的人。慢！如果是说真话的人，那么盒子上的这句话就应该是真话，那盒子的制作者就是说假话者。

那好吧，盒子的制作者是说假话者，但是这么一来，盒子上的话就是假的，那盒子的制作者就是说真话者。

分析到这里，如果你还想拿盒子的话，奉劝还是住手吧。

绑票者是谁

这道题的“题眼”在地址上。既然大地址是真的，小地址是假的，而绑犯不可能不想得到赎金，那么说明这个绑犯必然是十分熟悉当地邮寄地址的人，最大的怀疑对象自然就落在了赎金寄达地点邮局的邮差身上，因为除了他以外，没有人能够收到，而且也不会引起怀疑。虽然办理邮包业务的负责人也有可能拿到赎金，但问题是无法确定某董事长在哪一个邮局投寄赎金，所以能够收到的人只有收件当地的邮差。因此，绑架者的真实身份就是当地的邮差。

奇怪的血缘关系

乙是在那家店工作的男孩的妈妈。

宝贝儿子的回答

命令是父亲发出的，他恰好也在这个房间里。

关帝庙求财

因为这个人是棺材店老板。

未湿的手表

杯子中的咖啡是固体粉末，所以，这个人的手和手表都没湿。

一说到咖啡，人们很容易联想到液体的咖啡。而题中故意用杯子中的咖啡来迷惑你，让你不知不觉地进入到事先设置好的话题预设中。如果你的思维一直被禁锢在话题预设中，就很难得出答案。你要及时转移注意力，进行新的思维发散，就不难得出结论。

企鹅肉

几年前，他和一个朋友出去玩，遇海难漂到一个岛上，没有东西吃。朋友出去找东西，带回了烤好的“企鹅肉”，而且捉“企鹅”时腿受了伤。那个朋友不肯吃“企鹅肉”，结果饿死了。现在他吃到了真的企鹅肉，知道那时候朋友是把自己腿上的肉割下来烤给他吃了。

满地木屑

因为另一个侏儒把矮个侏儒家里的所有家具的腿都锯了一截。矮个侏儒看不见，一摸家具发现都突然矮了许多，以为自己长高了，觉得失去了竞争优势，从此生计无着落。他很绝望，于是就自杀了。

测量牛奶

先把牛奶瓶放正，用直尺量出瓶中牛奶的高度；再把瓶子倒过来，量出从牛奶表面到瓶底的高度。第一次测量的牛奶高度与第二次所量瓶子空出部分的高度相加，就是整个牛奶瓶容积的圆柱体高度。进而算出牛奶占整个瓶子容积的百分比。

旅行中的抱怨

正确。由于地球是自转运行，6个月前，比尔在西半球过夏天，而那时中国台湾的嘉义是冬天。

房子在何处

北极或南极。

自然分开红绿豆

锅里只要炒一粒红豆和一粒绿豆即可。由于定式思维的影响，以为炒豆必是许多粒，以至许多人无法解答。

狗狗赛跑

都不流汗。狗的皮肤汗腺不发达，即使是在大热天或运动之后，也不会出汗。狗是伸出舌头喘气，让体内的多余水分由喉部和舌面排出，此为狗儿散发体内热量的方式。

园丁的点子

新来的园丁指挥大家用铲子挖开巨石下方的土壤，将小花岗岩放进去即可。这道题目的关键是考验受测者是否能反向思考问题，若一味地只想把巨石搬到小岩石上，无疑是事倍功半；转换思考模式，将其放在巨石下方，能省事又省力。

怎样过河

小孩可伸出一小部分木板到山涧中央，并站在木板的另一端压住。大人再把木板搭在小孩的木板上，便可以过河。接着他再以同样方法压住木板，让小孩过河即可。

摸黑装信

不正确。如果出错的话，至少有2封信出错。

糊涂答案

老年人和年轻人是父女关系。之所以许多人对此题久思而未得其解，是由于陷入逻辑思维的障碍，导致错误接受题目的心理暗示，认为那名年轻人是男性。但其实题目中，并没有任何条件规定年轻人必须是男性。

五只兔子

农民卖掉了兔子身上的毛。

奇怪的医院

这是一家宠物医院。

上当了

小孩没有出来找这个人，让他在那里等了很久，已经上当了。

为何不爱财

汤姆是一条狗。

巧取王冠

把地毯从一端卷起来，接近王冠时伸手就能拿到了。

遗产安然无恙

遗产是两枚邮票。

“马”能回来吗

“马”不可能跳回原位。如果我们把象棋棋盘上的交叉点看作是黑白相间的方格，那么“马”每走一步，都是从白格跳入黑格，或者从黑格跳入白格。假设“马”原来放在白格，再走过999步后，也就是走过一个奇数步以后，必定跳入黑格，不可能再回到白格。

第三部分

创意想象类游戏

创意是什么？是破旧立新的创造；是跳出庐山之外的思路；是思想库、智囊团的能量释放；是思维碰撞、智慧对接；是创造性的系统工程；是投资未来、创造未来的过程。简而言之，创意就是具有新颖性和创造性的想法。

产生奇妙创意的方法多种多样，其中脑力激荡法是最为人所熟悉的创意思维策略，此法强调集体思考的方法，着重互相激发思考，鼓励参加者于指定时间内，构想出大量的意念，并从中引发新颖的构思。当然，脑力激荡法也可于个人思考问题和探索解决方法时运用。该法的基本原理是：只专心提出构想而不加以评价；不局限思考的空间，鼓励想出越多主意越好。

比较著名的还有心智图法，这是一种刺激思维及帮助整合思想与信息的思考方法，也可以说是一种观念图像化的思考策略。此法主要采用图志式的概念，以线条、图形、符号、颜色、文字、数字等各样方式，将意念和信息快速地以上述各种方式摘要下来，成为一幅心智图。结构上，具备开放性及系统性的特点，让使用者能自由地激发扩散性思维，发挥联想力，又能有层次地将各类想法组织起来，以刺激大脑做出各方面的反应，从而得以发挥全脑思考的多元化功能。

此部分提供了千奇百怪的创意想象类的思维游戏，通过这些游戏，你将学会思维的创造机制，激发自由思考，锻炼头脑风暴，最终促使你养成创意思维的习惯，让你的头脑成为创意之源。

盒子里的宝贝

一位智者和他的女儿正在玩悖论游戏，智者对女儿说："在你面前的这一排盒子里（共 10 个），分别编号为 1 号至 10 号，你转过身去，我将把一个宝贝放在其中的一个盒子里。依次打开盒子，我保证，你将在某个盒子里意外地发现宝贝。"

他的女儿想了想，显然父亲不能把宝贝藏进 10 号盒子里，因为在打开前 9 个盒子以后就会确知宝贝的位置，推演和反推依然成立。所以她说道："爸爸，按照这样的推理，你根本无法把宝贝放在盒子里。"

智者却坚持说一定会让女儿感到意外。请问：这是为什么呢？

牵牛花作伪证

夏日的早晨，一家大型超市的出纳上班时发现保险箱被撬了，共失窃价值 25 万元的财物。警方在箱体上发现了罪犯留下的指纹，并确定作案时间是凌晨 2 至 4 点。经过调查，给超市送货的食品公司货车司机的指纹与现场作案指纹相符。

警方传讯了司机，可司机却说这段时间他正在家中拍摄牵牛花开花的过程，并拿出了拍摄照片，审讯陷入僵局。

迷惘的刑警来到植物研究所，请教了专家，证实牵牛花确实是在夏日早晨开放。而且经对比，确认拍摄的照片就是司机家中的盆花。

这就怪了，指纹是不可能相同的。

那么司机究竟是不是盗窃犯呢？如果是，那他又是采取什么办法分身的呢？

计算机为什么发狂

有个青年用他的高智能计算机设计程序时，输入了一句指令，结果他的计算机因这句指令发狂，从而导致了崩溃。

请问：令计算机发狂的那句指令是什么呢？

快速得到氧气

冬天的早上，焊工眼看就快完成焊接任务时，氧气瓶里没有氧气了。焊工觉得很泄气，这么冷的天气，还要跑到其他车间去找氧气瓶。这时，焊工灵机一动，找到了一个迅速弄到氧气完成工作的方法。你知道是什么方法吗？

难缠的主妇

有一位过于精打细算的家庭主妇，一天，她拿着两张50元钱的票子上街买东西。她想去5家商店买6种东西，把100元钱全部花掉。她要买的东西的价钱分别是：12元，21元，30元，15元，14元，8元。

这位主妇在5家商店买东西时，只有一家商店找钱给她，并且主妇自己不去把整钱换成零的。这种想法能实现吗？

孙膑请师出屋

鬼谷子出了个题目考验孙膑和庞涓两人，看谁有办法请他出门。庞涓威逼利诱，想尽方法不能使鬼谷子出来，甚至说要烧房。鬼谷子笑道："这是我的唯一身家，你还没接近，我就飞剑取你性命了。"庞涓束手无策。轮到孙膑想办法了。孙膑说出了自己的办法，鬼谷子果然自己走了上去。这是什么办法呢？

怎么证明

一天，一个挑剔的人找小木匠加工一根长 3 米、宽和厚均为 1 米的木料，将它砍削、雕刻成重 20 千克的木柱。这个挑剔的人答应补偿木匠在做活时砍去的木材。小木匠觉得这笔买卖很划算，就答应了。

小木匠先将这块方木称了称，重 30 千克，比成品只重 10 千克。因此，小木匠先从方木上砍掉了 1 立方米的木材，即原来的 1/3。但挑剔的人并不承认，他认为不能按重量来计算砍去的体积，因为据说方木的中间重，两边轻。

请问：小木匠在这种情况下怎样向这个挑剔的人证明，究竟砍了多少木材呢？

渡　河

一队士兵在行军途中遇到一条大河。大河上没有桥，而且河水很急，无法游泳渡河。河边只有两个小孩儿划着一条船钓鱼。船很小，每次只能载一名士兵或者两个小孩。机智的军官想了一会，终于想出了过河的办法。你想到了吗？

偷越国境的间谍

A、B 两国经常派间谍互探对方情报。一次，A 国又派出一名间谍，企图偷越 B 国边境。但近来 B 国防范森严，A 国间谍无法进入 B 国境内。于是他又想通过挖地道的办法进入 B 国。

挖地道必须保证挖出的浮土不会被 B 国的侦察机发现。于是他想先盖一所专门放浮土的小房子。可房子里的浮土增加到一定程度，就需要把它运到房子外面去，这同样会被 B 国发现。

你能不能帮 A 国间谍想一个安全的挖地道的办法呢?

巧妙排队

要使 24 位学生站成 6 排，每排分别有 5 个人，应该怎么站呢?

特工见胡佛

胡佛曾是美国联邦调查局局长，此人很有心计，很少有人能瞒得过他。但是有一次他却被自己的一个手下开了个不大不小的玩笑。联邦局曾规定，所有特工都必须严格控制体重，一旦胡佛发现他们大腹便便，过于肥胖，肯定会招致一番训斥。

有一次，一位特工将被提拔为迈阿密地区特警队负责人，胡佛安排好要接见他，但是这位特工比较胖，怎么才能免去一番训斥，平步青云呢? 最后他想出了一个主意。结果接见当天，胡佛不但没有训斥他，反而对他连连夸奖。

你知道这位特工的策略是什么吗?

桶量游泳池的水

一天，国王把阿凡提叫到皇宫，想出难题考考他。他问阿凡提:“你知道王宫前面的游泳池里共有几桶水?”这个问题显然不好回答。但聪明的阿凡提想了一会儿就马上回答出了令国王满意的答案。

你知道阿凡提是如何用桶来量游泳池的水吗?

能及时赶回去吗

周末，有三个同学出去玩，但是按学校规定他们必须得在晚上11点赶回宿舍。

他们玩得太高兴了以至于忘记了时间。当发现的时候，已经是10点8分。他们离学校有10千米的距离。如果跑着回去需要1小时30分钟，如果骑自行车回去要30分钟。但他们只有一辆自行车，并且自行车只能带一个人，所以必须有一个人要跑。

那么，请问他们能及时赶回去吗？

硫酸该怎么倒

化学实验室里有一个不规则的透明玻璃瓶，上面只刻着5升、10升两个刻度，但里面装了8升硫酸。老师要求从玻璃瓶中倒出5升硫酸，可是实验室的其他瓶子上都没有刻度，再加上硫酸的腐蚀性很大，你知道用什么办法一次就能准确地倒出所需的量吗？

作家的生卒年

19世纪，一位著名作家出生在英国，并也同样于19世纪去世。其诞生和逝世的年份都是由4个相同的数字组成，但排列位置不同。他出生的那一年，4个数字之和是14；逝世那一年的数字，其十位数是个位数的4倍。请问，该作家生于何年，死于何年？

运动服上的号码

一个学生参加学校的运动会，他的运动服上的号码是四位数字。同桌的城城倒立看其号码时，发现变成另一组四位数字，并且与原来的号码相减，多出“7875”。请问，该同学运动服上的号码是多少呢？

钓到了几条鱼

一位同学钓鱼回来，老师问他：“你钓到了几条鱼？”这位同学说：“钓了六条无头鱼，九条无尾鱼，八条半个身体鱼。”这位同学共钓了几条鱼？

巧计抓强盗

从前，有个非常聪明的孩子。一次，他和父亲到外地去，住在一家旅店里。半夜，一个手持钢刀的强盗闯进了他们的房间，用刀胁迫他们交出财物，否则就要行凶。

小孩毫不慌张，他假装去找财物。正在这时，打更的梆子声由远而近地传来。强盗怕自己被发现，于是不停地催促小孩。小孩对强盗说：“没有灯我看不见，所以要花费一些时间。如果你愿意点灯，我想我很快就可以找到。”强盗一听，觉得有道理，就同意了。于是，就在打更的梆子声在房间的门外响起的时候，小孩点亮了灯，然后把父亲藏在枕头下面的钱交给了强盗。

强盗拿了钱正准备逃走。这时，门外的更夫却突然大声喊“抓强盗啊”。

人们冲进来，抓住了还来不及逃跑的强盗。

你知道小孩是怎样对走在门外的更夫做出暗示的吗？

黄鱼的吃法

有一次，皇帝召集所有的御医询问养生之道，御医们一致认为皇帝应该多吃黄鱼。但黄鱼的哪部分最有营养，御医们却达不成一致意见。

第一个御医认为皇帝应该多吃鱼头；而第二个御医认为鱼身最有营养；第三个御医认为鱼鳔的滋补益处最大；最后一个御医却坚持说鱼尾才是最好的补品。

几个御医各执己见，最后只好找一位老渔翁来判断。聪明的老渔翁不敢得罪几位御医，可是又不能欺骗皇上。他灵机一动，不紧不慢地说了一番话。结果不但皇帝很满意，4 位御医的脸上也都露出了笑容。

你能猜到聪明的老渔翁究竟说了什么话吗？

外交部长分饼

在招待外国大使的国宴上，特级厨师做了 7 张具有本国特色的饼。饼端上桌后，总统一下子犯了难，因为一共有 12 个国家的大使。哪一国的大使都不能得罪。外交部长应变能力很强，他想了一下，拿起刀，在几张饼上划了几刀，每一张饼最多用了 4 刀，就将这 7 张饼均匀地分给了 12 个国家的大使。

你知道他是怎样分的吗？

“通用”的钥匙

军火库由三个互不相通的仓库组成，每个仓库的大门都有两把钥匙。三个士兵分别看管三个仓库，如何安排仓库的钥匙才能保证三个士兵中的任何一个随时都能进入每个房间？

糊涂交易

硅谷的一家大集团致电给欧洲供货商，要求订一批半导体材料，这家集团非常精确地指定交货日期。但是，信誉良好的欧洲供货商，其每一批交货日期都至少有一个月的误差，有些货物是太早送到，有些却迟到。硅谷集团的经理打电话质问原因，欧洲供货商则说他们的货物都是由物流公司经营，而物流公司也说他们是按照合约上的日期准时送达。究竟问题是出在哪一个环节呢？

农夫的动作

从前，有一对勤劳的夫妻在山坡上开垦了几块田地，种了小麦，可贪财的地主看见了，每天把家里的鸡全赶到农夫的地里。农夫看到自己的庄稼被糟蹋，非常心痛。妻子知道后，说："明天，你只要到地里做个动作，要让地主看见，又不要让他看清，他就不会再放鸡了。"第二天，农夫一试，果然有效。请你猜猜，农夫做了个什么动作？

生财之道

相邻的A国和B国交恶。某日，A国宣布："今后，B国的1元钱只折合我国的9角钱。"B国也宣布："今后，A国的1元钱只折合我国的9角钱。"

一个人住在两国边境处的A国境内，他利用这个机会，用10元钱为本金赚了一笔。

你知道这个人是怎么做的吗？

巧放苹果

一个毫无损坏的苹果已经装在一个肚大口小的玻璃瓶里，现在除了损坏苹果或瓶子外，没有别的办法能拿出苹果。你猜猜苹果是怎样放进瓶子里去的呢？

巧拿鸡蛋

一个同学打完球，穿着背心、短裤，捧着篮球回家。路上遇到一个老大娘在卖鸡蛋："买吧，一共 15 个鸡蛋。"他觉得合算，就买下了。可是，15 个鸡蛋该怎么拿回家呢？他灵机一动，啊哈，有办法了。结果，他把 15 个鸡蛋放在篮球上拿回家了。这可能吗？

插裤兜

将你的左手全部放入右边的裤兜里，同时将右手整个伸入到左边的裤兜里。你觉得能做得到吗？发挥一下你的想象力吧！

寻找瑕疵品

某家公司生产一盒 4 颗装的玩具小球，每颗小球都是按照标准重量制造的。在检验过程中，工作人员发现其中一颗是瑕疵品。现在知道此瑕疵品的重量要比其他合格品重一些。如果只能用天平称重一次，要如何判断哪颗玩具小球是瑕疵品呢？

反穿毛衣

一个小朋友穿了新买的高领毛衣，但糊涂的他却穿反了，因为印有图案的那一面在他的背后。然而，他要如何在两只手腕被绳子系住以及不剪断绳子的情况下，将高领毛衣穿正呢？

公主赏花

公主到御花园里赏花，发现花圃里只有红花和蓝花。公主不满意地对下人说："我们这么大一个国家，御花园里竟然只有红、蓝两种颜色的花。难道就不能有其他颜色的花吗？"

一个机灵的小宫女连忙回答："交给奴婢好了，明天就会有其他颜色的花，但要请公主从宫殿楼上的窗口向下俯瞰。"公主听她这么说，怒气才消了。

宫女打算怎么做呢？她不可能在花朵上面涂颜色，那怎样在短时间内就让公主看到其他颜色的花呢？

参考答案

盒子里的宝贝

按照智者女儿的推理，她坚信这个宝贝无法放在某个盒子里。然而不论她如何推测，当她的父亲把宝贝放在任意一个盒子里时，她依然会感到很意外。

牵牛花作伪证

司机就是盗窃犯。他用特定的方法（比如用纸做套子套在花蕾上）推迟了牵牛花开花的时间，在作案后迅速返回住处，拍摄出花开全过程的连续照片作为伪证。

计算机为什么发狂

指令就是："你必须拒绝我现在给你编的语句，因为我编的所有语句都是错的。"这是一个逻辑怪圈，既然所有的语句都是错的，那现在这句指令就不可能是正确的；如果这句指令是正确的，那就不是所有指令都是错的。计算机因为无法判断这句话的对错只能不断地重复工作直到死机。

快速得到氧气

可以给氧气瓶加热，使里面的压力升高，氧气就能继续送出。当然，这只是应急之法，靠这样的方法得到的只是剩下的一点点氧气。

难缠的主妇

能够实现。她可以在最先去的商店里分别使用 50 元钱买 12 元和 21 元的商品，这样找回的钱在以后的四家商店里买后 4 种东西时就可以完全不用找钱了。

孙膑请师出屋

孙膑说："我答题之前已经知道了题目，这对庞涓不公平，我虽然没办法让你走出来，却自信有本事让你走进去。"鬼谷子不信，中计出来了。

怎么证明

做一个箱子，使箱子的内部尺寸精确到与最初的方木相同，即 3×1×1。然后再把已雕刻好的木柱放入箱内，而在空档处塞满干沙，再细心地摇箱子，使得箱内沙土填实并与箱口齐平。接着轻轻取出木柱，不带出任何沙粒，再把箱内的干沙捣平，量出其深度便能证明，木柱能占的空间恰为 2 立方米。也就是说，木匠砍削掉了 1 立方米的木材。

渡　河

两个孩子先过河。其中一个留在对岸，另一个把船划回来，上岸。然后一个士兵划船去对岸。现在留在对岸的孩子把船划回来接另一个孩子，把他送到对岸，自己再划回来，上岸。然后第二个士兵划船去对岸……小船往返两次，渡过一个士兵。如此重复，直到所有士兵都渡过河。

偷越国境的间谍

一面向前挖，一面用挖出的土填埋身后的地道，就可以安全地越过边境。不用担心这样做会把气孔堵死。因为既然小房子里堆着一部分浮土，那么在地道里就一定有相当于那堆浮土体积的空隙存在，足以供偷越国境的间谍呼吸。

巧妙排队

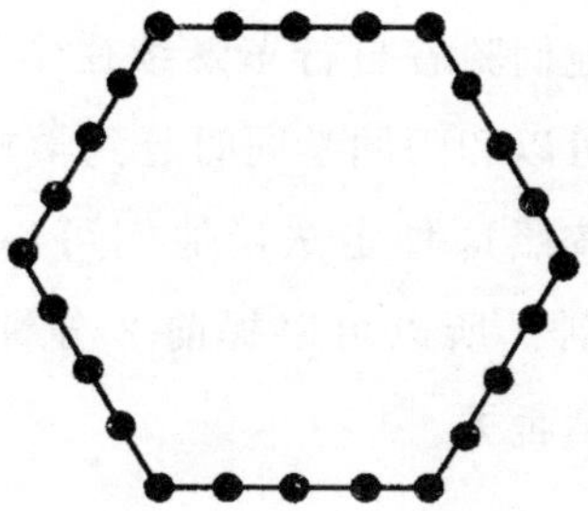

特工见胡佛

这位特工见体形上没法隐瞒，就到街上买了一套衣服，号码比他平时穿的要大很多，这样给人的感觉就是他已经减下很多分量了。他穿上这身衣服去见胡佛，一见面就感谢胡佛提出了控制体重的要求，说这简直是“救了他的命”。胡佛听了之后就对他连连夸奖。

桶量游泳池的水

阿凡提说：“那要看你选什么样的桶了。如果桶是和游泳池一样大的，那么就只有一桶水，如果桶只有游泳池一半大，那么就只有两桶水，如果桶只有游泳池的 1/3 大，那就是三桶水……以此类推。”

能及时赶回去吗

先让甲同学跑步，乙同学和丙同学骑自行车，骑到全程的 2/3 处停下，乙同学再骑自行车回来接甲，丙同学这时继续跑步往学校宿舍赶。

乙同学会在全程 1/3 处接到甲，然后他们骑着自行车继续往学校赶，他们可以和丙同学同时赶到学校。

按照这种走法，他们可以用时 50 分钟。所以可以提前 2 分钟赶回学校宿舍去。

硫酸该怎么倒

往瓶里放入大小不同的玻璃球，使液面升到 10 升的刻度处，然后往外倒出硫酸至 5 升刻度处。这是利用玻璃球不被硫酸腐蚀的特点。

作家的生卒年

该作家生于 1814 年，逝世于 1841 年。

运动服上的号码

0～9 的数字中字，只有 0，1，6，8，9 颠倒后仍为数字，根据题意得相减后是“7875”，因此将其排列组合，得出运动服上的号码是 1986。

钓到了几条鱼

6 字无头为 0，9 字无尾也是 0，半个 8 字也是零。这位同学没有钓到 1 条鱼。

巧计抓强盗

小孩特意选在更夫走到屋子门外的时候点亮了灯盏，这样一来强盗拿着刀的影子就很清楚地映在了窗户上，更夫一下就能看出屋子里有强盗。

黄鱼的吃法

老渔翁说：“一年有 4 个季节，而在这 4 个季节里，对于黄鱼的吃法也不同。春天应该吃鱼头，因为春天为一年之首，人得鱼首之力，身体才能更加强壮。而夏天就应该多吃鱼身，因为夏天炎热，人出汗多，全身容易发软乏力，吃鱼身刚好可以补身。至于鱼鳔嘛，应以秋天食用为最佳，因为此时的鱼鳔最为成熟，它吸取了鱼全身的精华。到了冬天，则应该多吃鱼尾，因为冬季是一年之末，多吃鱼尾恰好能驱除全身的寒气。”

外交部长分饼

3 张饼，每张切两刀；4 张饼，每张切三刀。

“通用”的钥匙

把三个仓库分别命名为甲、乙、丙，三个士兵分别拿一个仓库的钥匙，再把剩下的钥匙这样安排：甲仓库内挂乙仓库的钥匙，乙仓库内挂丙仓库的钥匙，丙仓库内挂甲仓库的钥匙。这样，无论谁先进入仓库，都凭着自己掌握的一把钥匙进入三个仓库。

糊涂交易

问题出在日期的书写方式不同。美国公司用的日期格式是月/日/年，欧洲供货商用的日期格式是日/月/年。例如，美国公司要求的是2004年7月5日送货，就标示为7/5/04，而欧洲供货商便会认为货物是要在5月7日送达。

农夫的动作

农夫的妻子针对地主贪财的心理想了个办法：农夫把一篮鸡蛋悄悄放在地里，当地主放了鸡过来时，他提起篮子，做了拣起最后一个蛋的动作，然后匆匆地往家走去。地主虽未看清，但估计是自己的鸡在那里下了蛋，非常后悔，再也不把鸡赶到农夫的地里去了。

生财之道

他首先在A国购买10元钱的东西，付一张A国的100元纸币，然后要求："请找给我B国的百元纸币。"本来应该找给他的90元的A国纸币刚好折合成B国的100元。

他再拿着这张B国的百元纸币到B国去购买10元钱的东西，照样要求用A国的百元纸币找零。然后，他再回到A国……

巧放苹果

小苹果刚结出来时就用瓶子把它套上，让它在瓶子里慢慢长大，成熟后才摘下来。

巧拿鸡蛋

把篮球里的气放掉，把球的一面压瘪进去，使球成了一个碗形，就把鸡蛋放在里面拿走了。

插裤兜

把裤子前后反穿。

寻找瑕疵品

在天平两端各放两颗小球，瑕疵品的那端肯定较重。接着在天平两端各拿走一颗小球，若这时天平是平衡的，那么刚才重的那端所拿走的小球是瑕疵品；如果天平还是不平衡，则现在天平上重的那端所放的小球就是瑕疵品。

反穿毛衣

首先，将毛衣从头上脱下，就能将它翻面，让毛衣的反面向外挂在绳子上。接着，把毛衣从它的一只袖子中穿过去，如此又翻了面，现在它的正面向外挂在绳子上。最后，把毛衣套过头穿上，就能将毛衣正面穿在前面。

公主赏花

她将红、蓝两色的花朵混杂种在同一个花圃里，若从楼上的窗口俯瞰，看起来就是紫色的花朵。

第四部分

图形想象类游戏

随着时代的进步，人们对传统的视觉形式已经显得麻木了，而对于具有高度刺激的表现形式则更为喜爱和易于接受。图形语言追求的是以最简洁有效的元素来表现富有深刻内涵的主题，好的内容设计作品无须文字注解，只需看图形后便能使人们迅速理解作者的意图。

图形指的是图解、图示，发展为说明性的视觉符号，是一种在纸或其他表面上表现的，能通过印刷及各种媒体进行大量复制和广泛传播的视觉形式，它通过一定的形态来表达创造性的意念，将设计思想可视化，使设计造型成为传达信息的载体。

在当今的读图时代，一篇优美的广告文案远不如一幅富有创意的广告画面带来的视觉冲击力大，由此可见，图形创意在广告中占据着非常重要的地位。

本部分提供了各种各样的图形想象类的思维游戏，玩这类游戏，第一步是我们要学会观察，包括：图形的大小变化、图形的笔画多少、图形的旋转方向、图形构成要素的增减与组合、图形的叠加、图形的组合顺序以及是否存在相同的图形。

通过各种图形展开想象，能够培养我们的审美情感，增强对美术活动的兴趣，从而发展我们的想象力。

加根火柴仍然不变

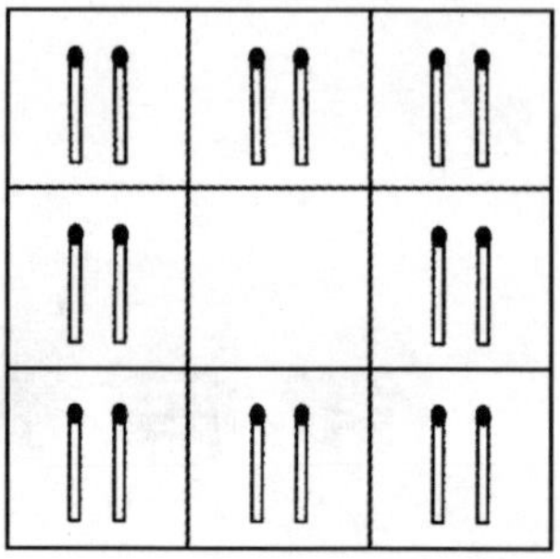

在图中方格内，加上 1 根火柴，重新排列，使每边火柴仍然是 6 根，怎么排列？

火柴梯形

你能用 30 根火柴组成 9 个小梯形，并且让这 9 个小梯形组成一个大的等腰梯形吗？

钟表等式

（1）问号处应为什么数字？

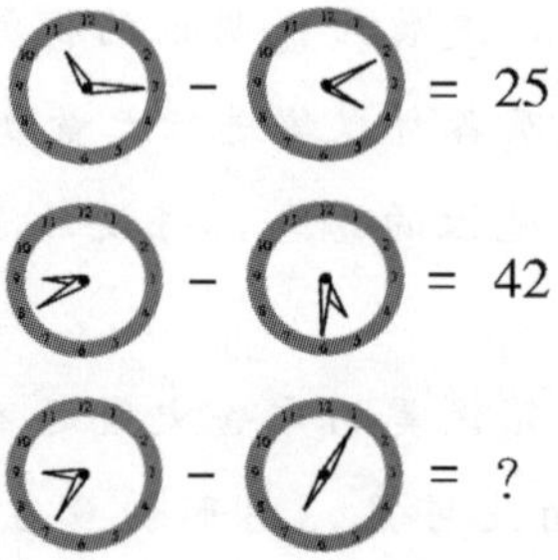

（2）问号处应为什么数字？

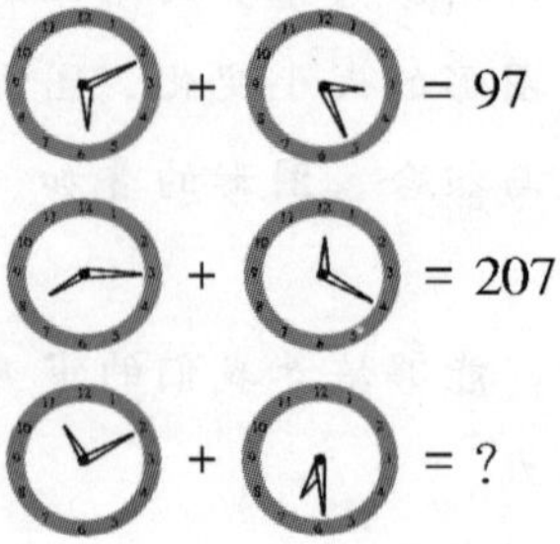

(3) 问号处应为几点?

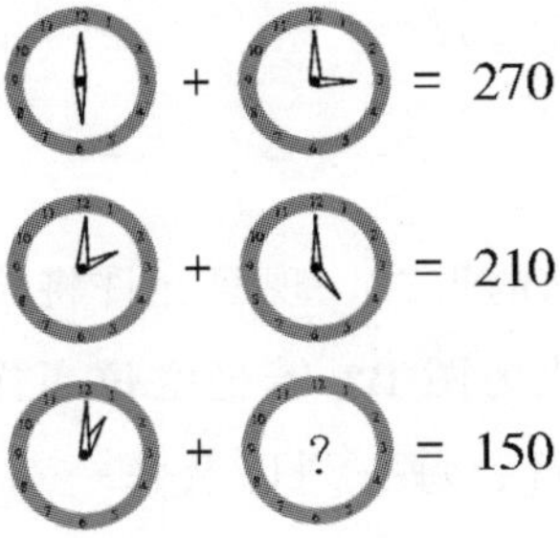

倒转三角形

10 张扑克牌如下图所示摆成一个三角形，现只允许移动 3 张牌，倒转这个三角形，而且使倒转之后的三角形每条边上的 4 张牌的点数之和相等，每条边上的 4 张牌的点数平方之和也相等。

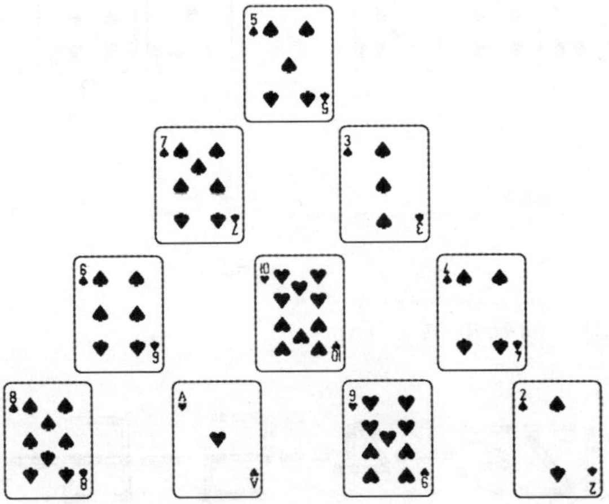

牛棚的面积减半

下图中是一个用 16 根栅栏围起来的牛棚，农夫现在想移动 5 根栅栏，使牛棚的面积减半。当然，16 根栅栏要全部派上用场。你觉得农夫可以达到他预想的目的吗?

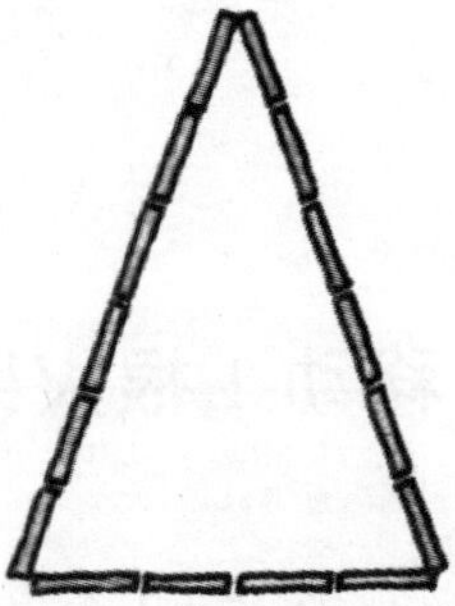

扑克牌三阶幻方

8 张牌摆成如图 A 所示的形式，现只允许将位于空位旁边的牌移动到空位上去，怎样移动，使之成为图 B？若把空位当作 0，那么图 B 的牌点组成了一个 3 阶幻方，即每一行、每一列以及每一对角线上的牌的点数之和都为 12。

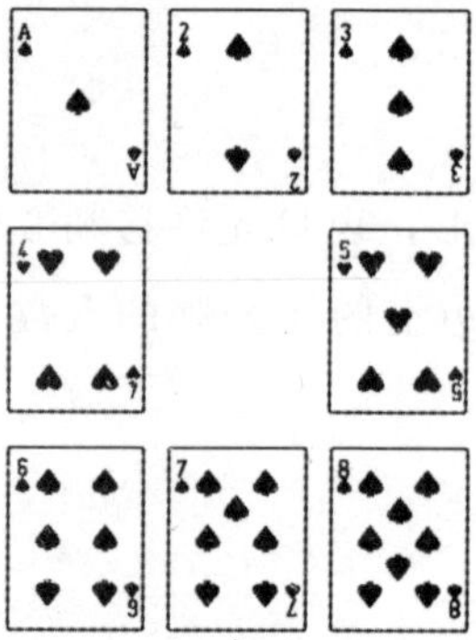

A

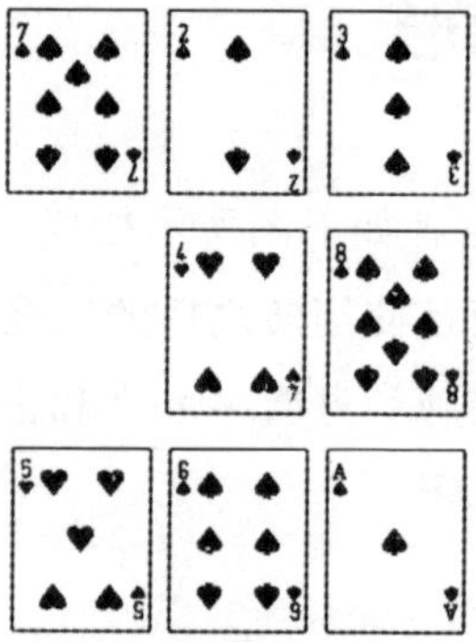

B

不变的值

从中拿走 3 根，使结果仍为 100。

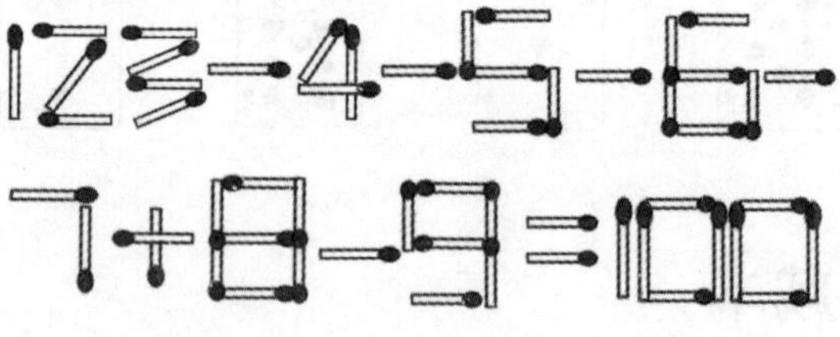

移动 1 根火柴，找回等式

这是 4 个不成立的算式，每题只许移动 1 根火柴，使它成立。

17+11+4-4=14

14+7-1-4+1=11

12 - 2 + 7 = 11

14 + 7 - 4 = 11

找回等式

（1）这是两个不成立的算式，每题只许移动 1 根火柴，使它成立。

4=14+1-1+1

123-1-1=12

（2）移动 2 根火柴，使算式成立。

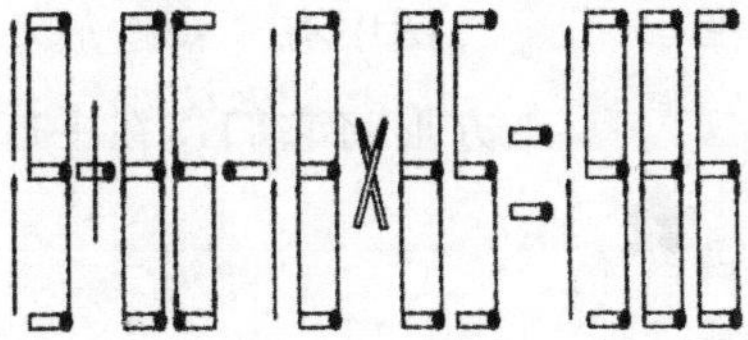

（3）这是一个不可能成立的等式，允许移动 3 根火柴，让等式成为可能。

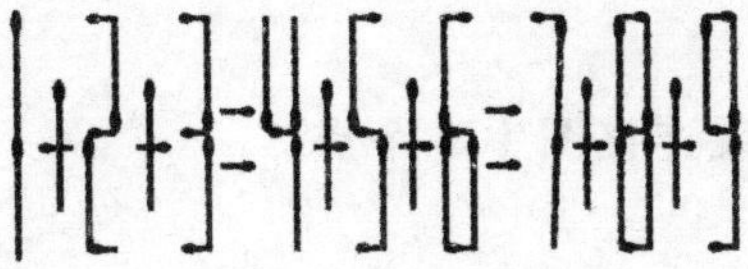

皇冠状棋盘

这个游戏的棋盘是皇冠状的，白棋放在 Y 点上，黑棋放在 X 点上，游戏从 X 点开始。玩家选好棋子的颜色后，要按顺序沿着锯齿形的路线前进。

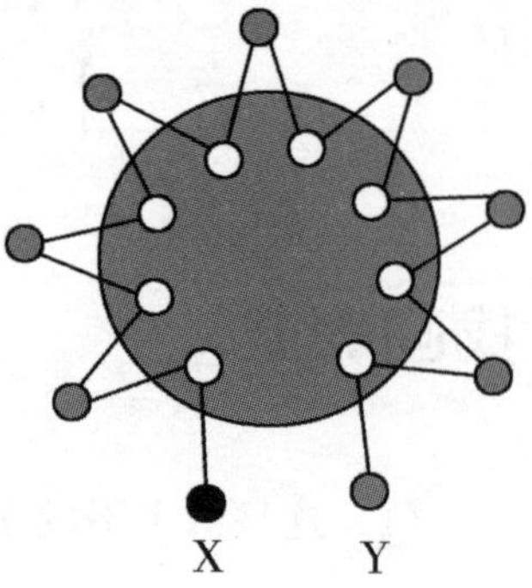

每一次玩家可以走 1 格、2 格或 3 格，但只能依照格子的顺序前进，不能跳格。当黑白两种棋相遇时，对峙的双方都不能再前进，就表示游戏结束了，谁的棋子在圆圈里就表明谁赢得了胜利。

请你想一想，有没有保证一方稳赢不输的方法呢？

让星星规则的魔法

图中有 4 颗摆放不规则的星星，请用一个正方形将它们连在一起。

连点方法

请一笔画出 4 条直线连接图中 9 个点。

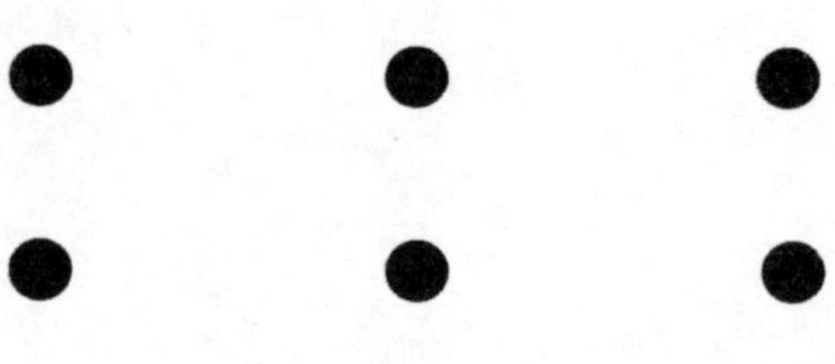

10 条变 9 条的魔法

有 10 条间隔相等的并行线，在不能添加线的情况下，如何使其变成 9 条呢？

巧摆硬币

如图，每个点上都放有一枚硬币。能否只改变一枚硬币的位置，使其形成两条直线，并让每条直线上都各有 4 枚硬币？

转换方向

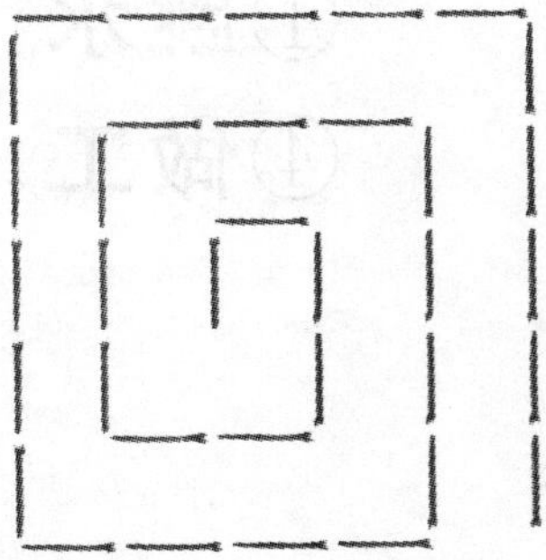

图中用 35 根火柴排出一条呈方形的螺旋状。假如从里向外沿这条螺旋线行进，则会按照顺时

针方向绕圈。

现在，请移动 4 根火柴，使图形仍是一条方形螺旋状，但从里向外的行进方向却必须是逆时针绕圈。请问该如何移动呢？

神奇墨水

一块正方形白布上，被平均分成形状、大小皆相同的 36 个白方格。一个少年不小心碰倒了墨水，并正好洒在白布的两条对角线上。

有位老先生说："只要在干净处滴上 8 滴我特制的药水，就能让墨迹自动消除。但这 8 滴药水不可滴在同一横行或者竖列线，也不能在同一条对角线，若违反这项原则，整块布将会渗透成黑色。"现在，老先生先滴了 1 滴，剩下的 7 滴请少年想办法解决，究竟该如何办到呢？

替代的字

下列 6 个词组中的动词大多不能互换，然而，有一个字可以替代所有的动词。请问是哪一个字呢？

①跳水　②买油　③砍柴
④做工　⑤写字　⑥敲敲

巧移火柴

请开动脑筋，移动其中一根火柴，使等式成立。

错误变正确

62－63＝1 是个错误的等式，请移动一个数字使得等式成立。若是移动符号让等式成立，又应该如何移呢？

62－63＝1

移杯子的学问

有 10 个杯子，前 5 杯装水，后 5 杯没装水。移动 4 个杯子可将有水的杯子和空杯相间。现在只移动 2 个杯子也要使其相间，该如何办到呢？

字母算式

$$\begin{array}{r} A\ B\ A \\ +\ A\ A\ B \\ \hline B\ A\ C \end{array}$$

图中是一个字母算式。目前只知道B比C大3倍，而且都不等于0，则A、B和C的数值分别是多少？

商店的最佳位置

在铁路沿线的同一侧有100户居民，而根据居民的需求要建立一家商店，并使100户居民到商店的距离之和是最小的。请问商店的位置应在何处较为适当？

体积变化

冰融化成水后，它的体积减小1/12。那么当水再结成冰后，其体积会增加多少呢？

老王的烦恼

小区门口的老头经常坐在一张刻有16个小方格的桌子旁，桌上放着10颗棋子，他每天都拿着棋子在桌上移来移去。

一天，有人问他为何一直移棋子，他说他在尝试用10颗棋子摆出最多的偶数行（即横行、竖列和斜线上的棋子都是偶数），路人听完，马上就排出16行，并自称是最多的偶数行。请问，他是如何摆放棋子的呢？

圆圈填数字

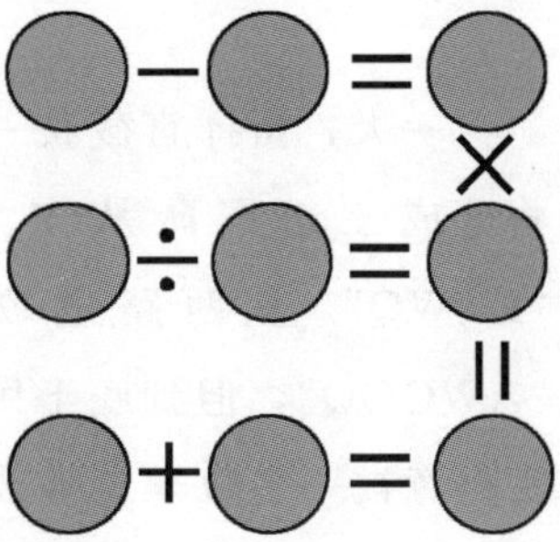

图中的 9 个圆圈组成四个等式，其中三个是横式，一个是竖式。请在圆圈中填入 1～9 的数字，使得其 4 个等式都成立。

注意：1～9 的数字，每格只能填一次，即不允许一个数字填两次。

均分苹果

一个小孩家中来了 11 位同学。爸爸拿出苹果来给这 12 位小朋友（包括自家孩子），可是家里只有 7 颗苹果。

爸爸希望每颗苹果最多能切成 4 块，究竟应该怎么分苹果才最恰当呢？

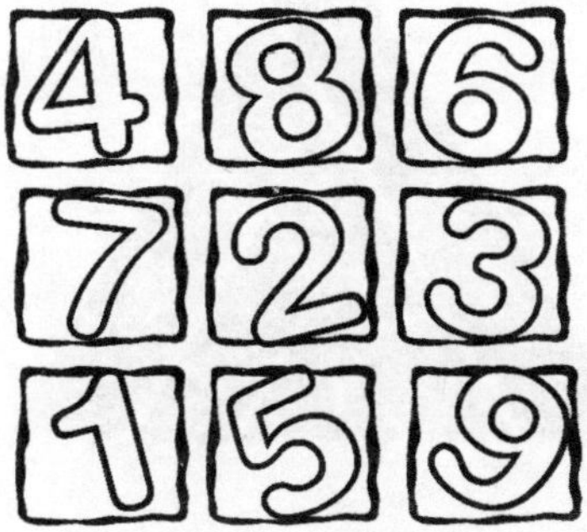

数字组合

从如图的数字中随意找出 3 个数字组成一个号码，但其中 2 个数字不能是同一行或同一列。并判断哪组号码能被 3 除尽；而选择的号码无法被 3 除尽的可能性又有多少呢？

最大的数

请试着朝各方面思考，用 3 个 9 写出最大的数。

破解密码

一天，指挥官截获一份秘密情报。经过初步破解得知：下个月初，敌军将分成三组军队从东、西两路发动进攻。在东路集结的部队人数为“ETWQ”，从西路进攻的部队人数为“FEFQ”，东西两路总兵力为“AWQQQ”，但到底士兵总数是多少，却无从得知。后来，苦思不得其解的密码竟被一名数学老师破解。究竟他是如何解答的呢？

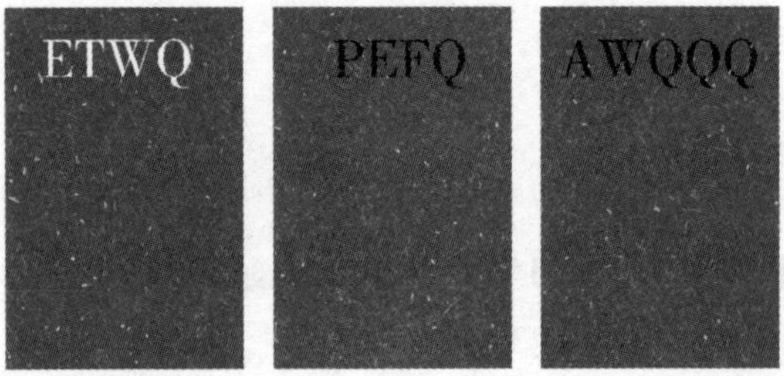

趣味金字塔

观察金字塔中数字的摆放规律，求 A、B、C 的值。

马虎的管理员

管理员看到公园里到处都是游客扔的垃圾，非常气愤。于是，他决定增设 20 个垃圾桶，分别放在 5 条相互交叉的路上，一条路放 4 个。但由于他的马虎大意，少带了 10 个垃圾桶。该怎么办呢？请帮忙想个应对策略！

找自己

A、B、C、D 哪一个能组合成与上图图案相同的纸盒？

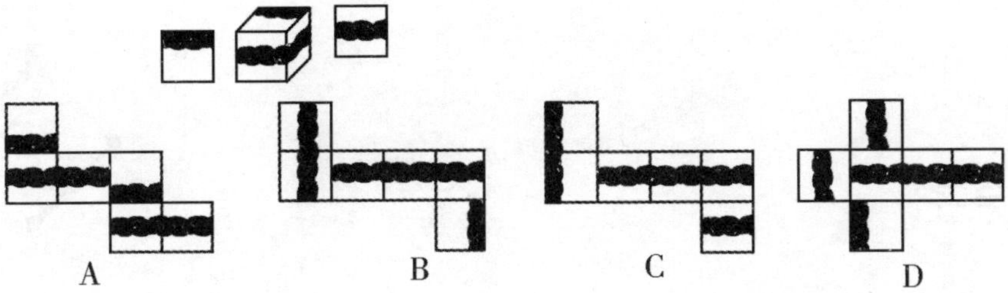

棋　盘

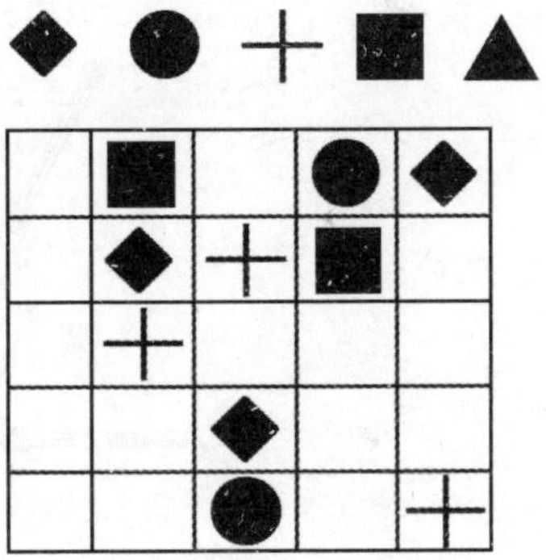

将图中的图形分别填入下面的棋盘中，且每行与每列中的图形都不得重复，你能完成任务吗？

多余的图形

如果将下面的一幅图分开的话，哪一幅是多余的呢？

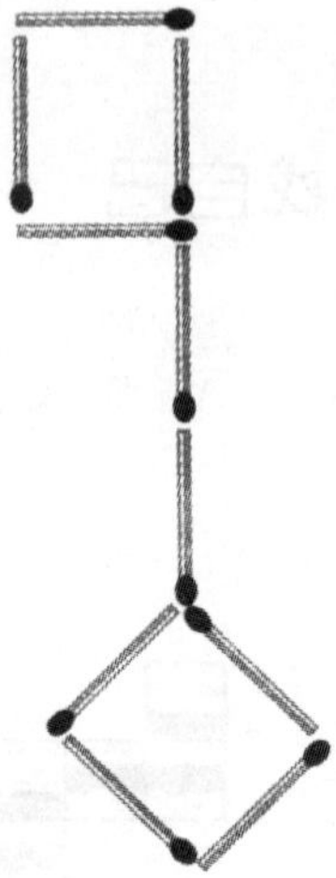

变正方形

把图中这个“长”得有点奇怪的图形变成 3 个正方形。记住，你只能移动 4 根火柴棍。

搭房子

把下图的 2 棵树变成 1 间房子。要求：只许移动 4 根火柴棍。

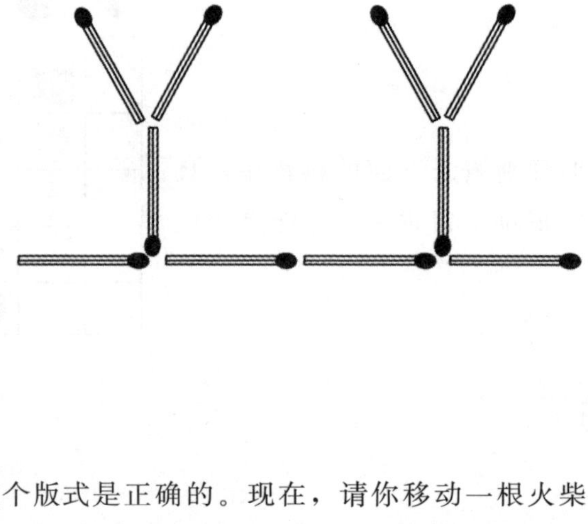

变算式

11＝11，这个版式是正确的。现在，请你移动一根火柴棍，把此式变成另外一个合理的算式。

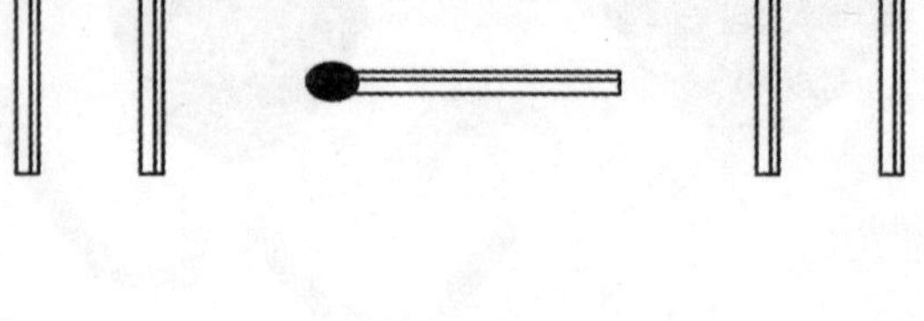

换个方向

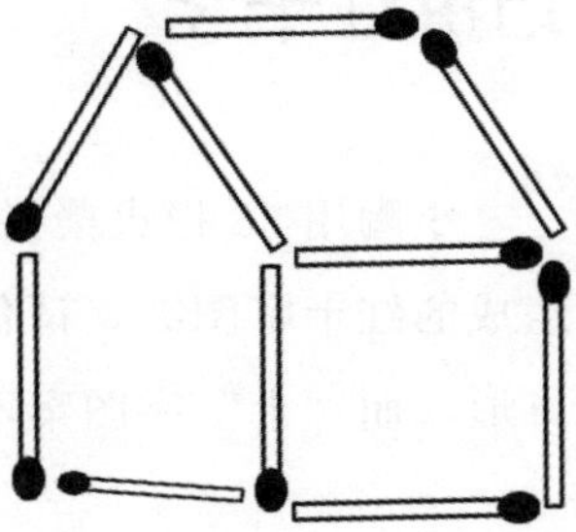

如图的小房子想转个方向，请你移动两根火柴棍，帮它完成这个心愿。

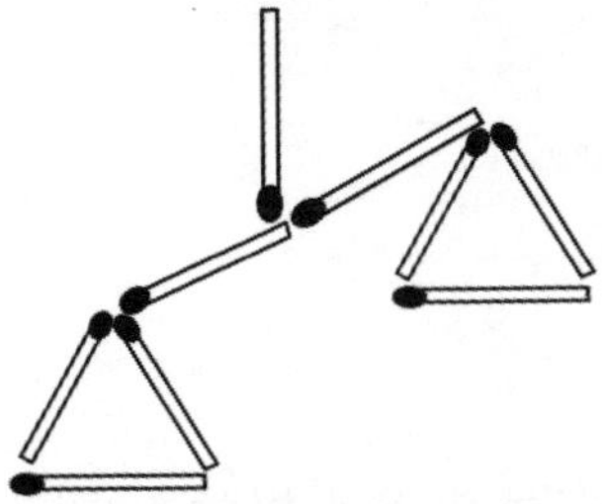

天　平

如图的这台天平倾斜了，请移动 5 根火柴棍，让一边高一边低的天平平衡。

调整算式

下面的火柴棍把很简单的算术题都弄错了，1＋2＋3＝4，不许添，不许减，只移动 1 根火柴棍，用最快的速度改正这道简单的算术题。

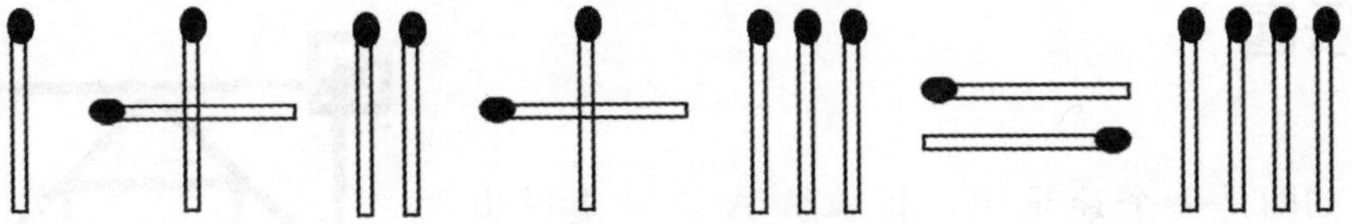

多变的三角形

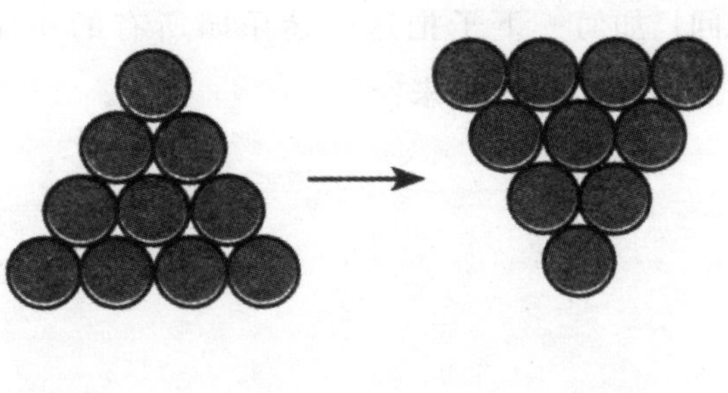

由 10 个小圆球排成一个正三角形，能否移动其中的 3 个圆球，使之变成一个倒三角形？

巧拼红十字

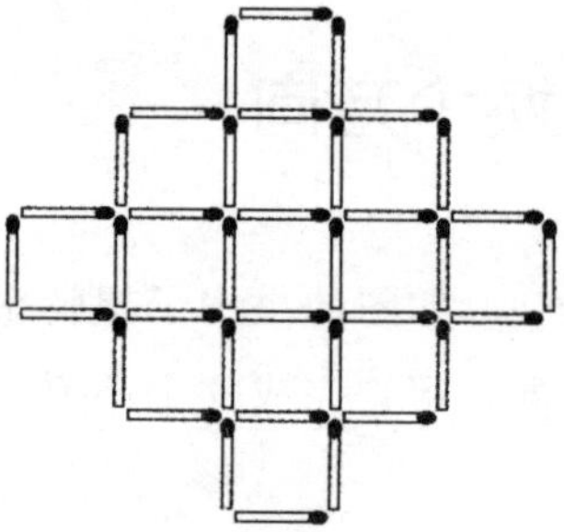

小陶用 36 根火柴拼成了一个由 13 个小正方形组成的红十字图案，请你拿走 4 根，去掉 5 个小正方形，而“十”字图案不变，你会吗？

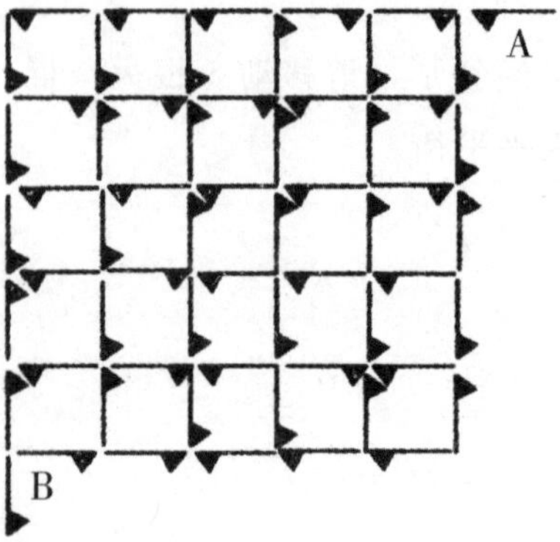

找出路

从 A 走到 B，只能沿着小旗的方向前进，如图是走不通的。现在要求调转小旗的方向，使道路畅通，最少要移动几支小旗？

迷乐园

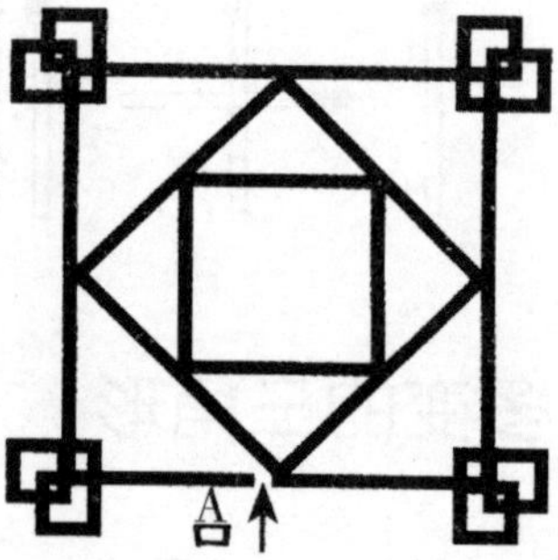

如图是一个迷乐园，要求从 A 口处走进去，沿着小路走，既不能重复走，也不能交叉走。请问：如何一下子把这个迷乐园所有的小路走完，然后再从 A 口出来？

花样扑克

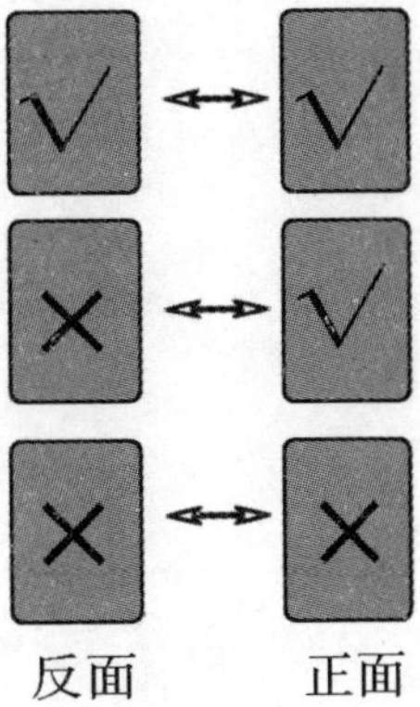

有一个人非常喜欢玩扑克牌，他总能搞出些新花样来。一天，他在桌子上摆上做了标记的 3 张扑克（如图所示），扑克正反两面分别写上“√”或“×”，并声称他只要看了牌朝上的一面后就可以从别人抽出的牌中猜出朝下的一面做的是什么标记，至于牌朝上的是正面还是反面都没有关系。

大家都很感兴趣，想知道他到底有没有这个本事，所以和这个人约定：如果他猜对了，每个抽牌的人要给他 100 元；猜错了，他就付给对方 200 元。扑克上√和×的可能性各占一半，也没有其他记号。

你觉得这个人有胜算吗？

游遍全国

下图是某国的全国景区分布图，字母就是著名的各景点。某人计划从 a 处出发，每个景区只经过一次，且路线不能交叉和重复。他应该怎样走才能游遍所有的景区？

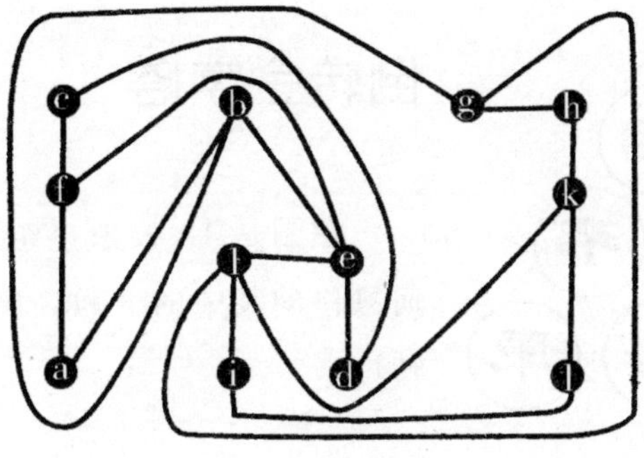

画出水杯

图中有 3 个水杯，如何在此图的基础上再添加一笔，使图中共有 5 个水杯呢？

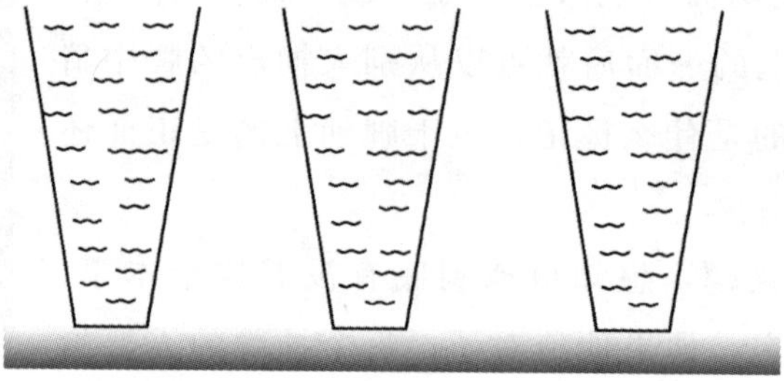

翻象棋游戏

如图是由 10 枚正面朝上的象棋组成的一个大三角形。现在请你把其中的 4 枚象棋翻过来，使得没有任何 3 枚正面朝上的象棋能构成等边三角形。你知道该翻哪 4 枚吗？

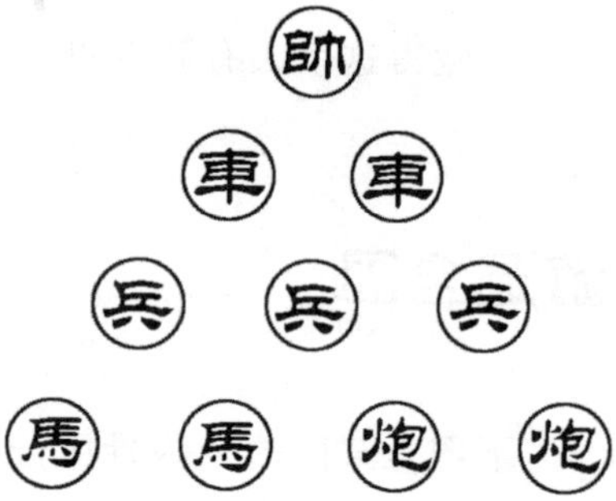

倒转金字塔

左图是 10 枚象棋组成的“金字塔”。如何只移动其中的 3 枚，把这个“金字塔”倒转过来？

九角星形棋盘

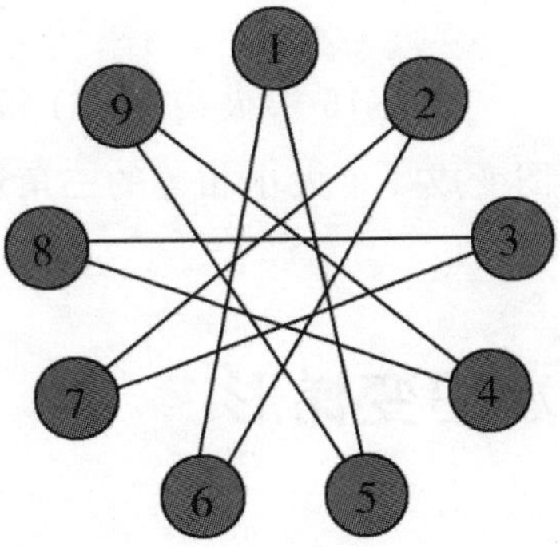

有一个九角星形的棋盘，在每个星形的末端放着 9 颗一模一样的棋子。游戏规则如下：

两个人轮流走棋，一次可以拿掉 1 颗或者两颗棋子。若想一次拿走两颗棋子，则必须保证两颗棋子之间有线相连（例如：可以同时拿掉①与⑥，①与⑦则不能同时拿掉）。最后，没有棋子可拿的人就是败方。

请问：怎样做才能保证一定能取胜？

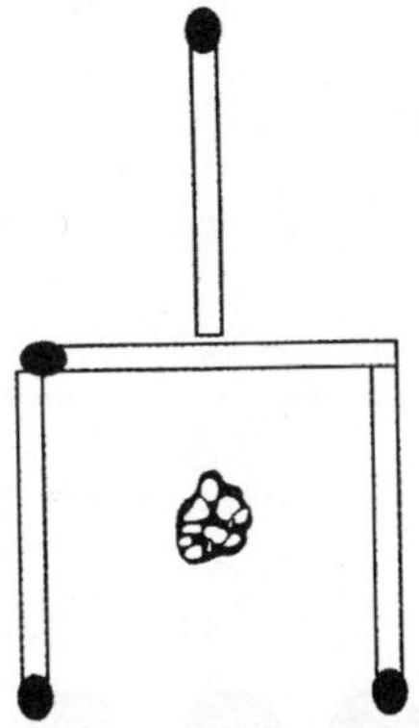

倒出垃圾

火柴拼成的簸箕里面已装有垃圾。如何只移动其中两根火柴，将垃圾倒出去？

6 个变 3 个

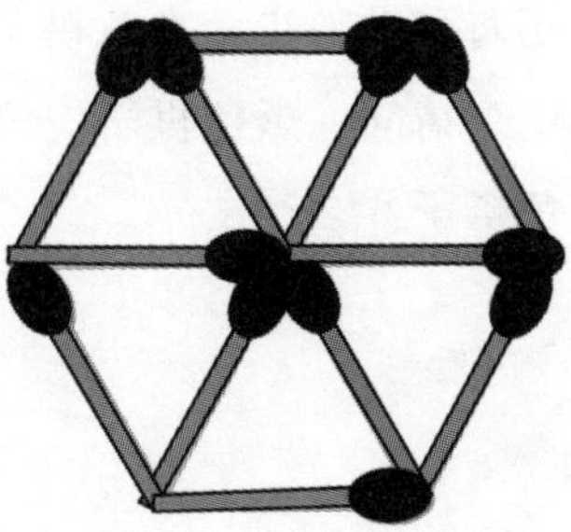

12 根火柴排列成了 6 个三角形，你能只移动 5 根，将它变成 3 个三角形吗？

剩下 4 个

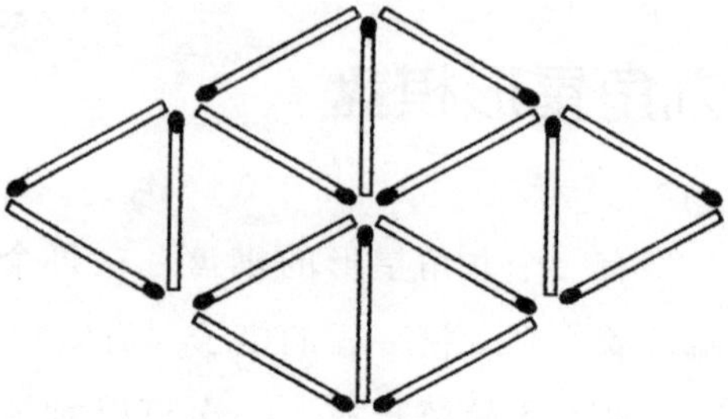

拿去 16 根火柴里的 4 根，把这个图变成 4 个大小相等的三角形。

小船变梯形

移动 4 根火柴，把小船变成 3 个梯形。

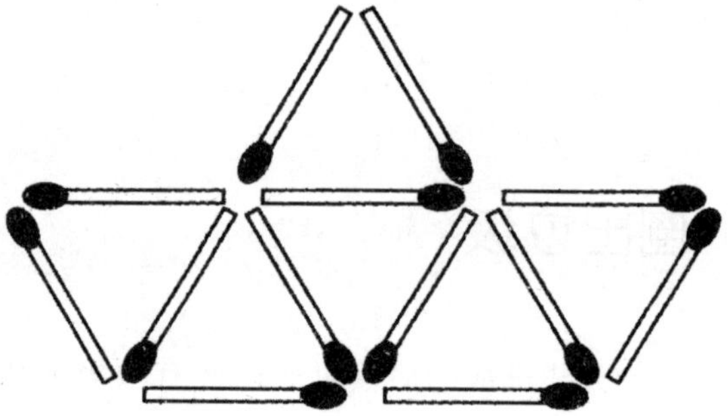

追赶白棋

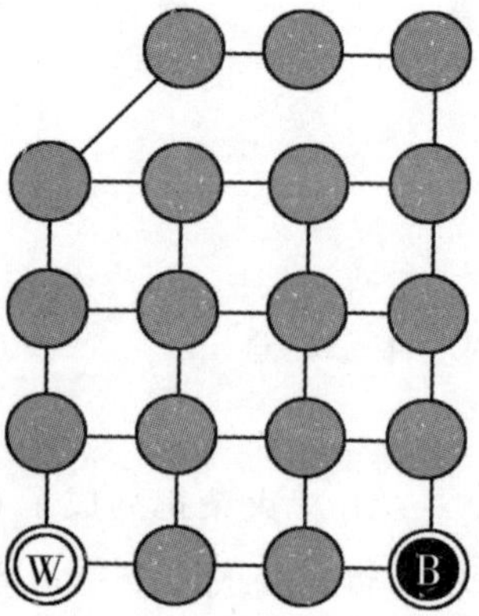

一个人将一颗黑色的棋子放在 B 点，想追赶对方位于 W 点的白色棋子。棋盘如图所示。黑色棋子每移动一步，白色棋子也移动一步。

请问：黑色棋子应该怎样走才能追上对方的白色棋子？

未发完的桥牌

打桥牌需要 4 名牌手和 52 张扑克牌。发牌人从他的左手起按顺时针方向依次发牌，这样每人可以得到 13 张牌。

有一次，当发牌人刚发了一部分牌，手机响了。等他接完电话再回到桌边，大家都不记得刚才的牌发到哪儿了。这时，发牌人想了一个好办法，不用大家重新数手中的牌，直接就将牌发了下去，而且没有打乱原来的顺序，结果也完全正确。

请问：发牌人想到了什么好办法呢？

老头摆棋

公园里有一位老头，经常在吃完饭后就将一张刻有 16 个小方格的桌子摆在石凳上，桌子上面放有 10 个棋子。他每天都拿着棋子在桌子上摆来摆去。有人问他在干什么，他说他在尝试用 10 个棋子摆出最多的偶数行，即横排、竖排和斜排上的棋子都是偶数。这个人稍作考虑，几下就排出了 16 行，并且自称偶数行是最多的。你知道他是怎么摆放棋子的吗？

摆棋子

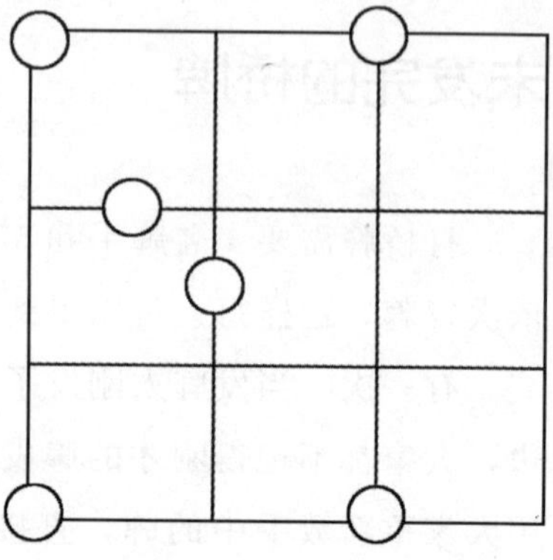

下图有一个棋盘，棋盘上有 6 枚棋子，现在请你在棋盘上再放 8 枚棋子，使：

①每条横线上和直线上都有 3 枚棋子。

②9 个小方格的边上都有 3 枚棋子。

5×5 棋子阵

有一个颇有点小聪明的人出了这样一道题：有一个 5×5 排列（即横竖都是 5 枚棋子）的棋子阵，一共 25 枚棋子。现在再加上 5 枚，一共有 30 枚棋子，能不能使这个方阵的横行、竖行、对角都是 6 枚棋子呢？

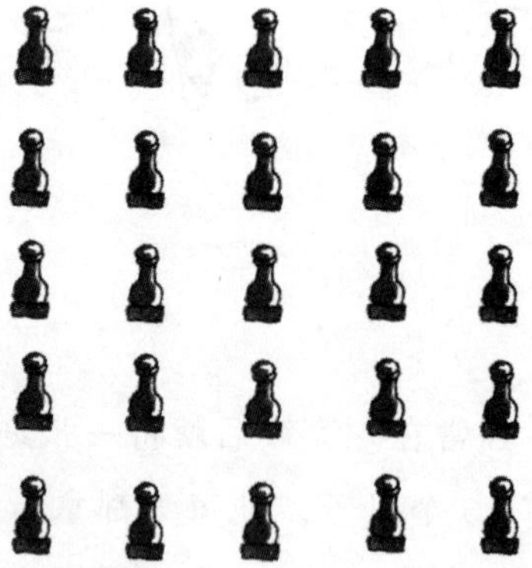

参考答案

加根火柴仍然不变

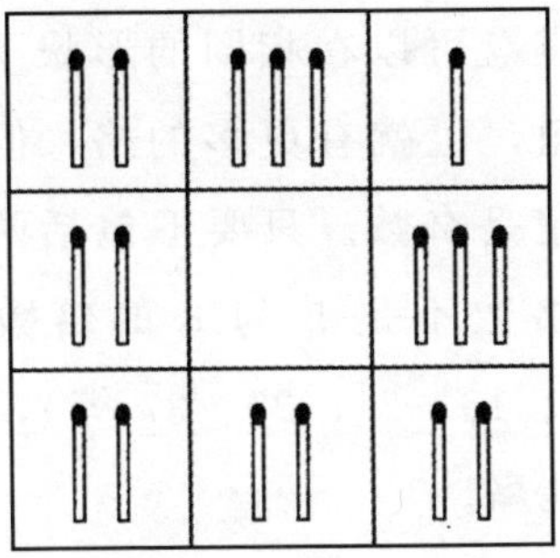

火柴梯形

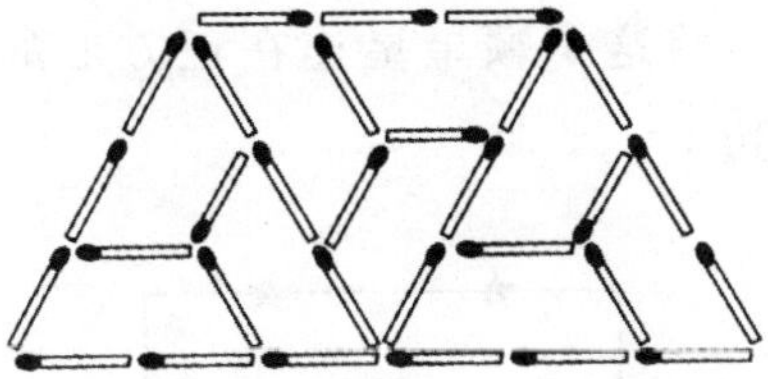

钟表等式

（1）560 将每个表盘上指针对应的分针数与时针数相乘，再计算差值。如：11 ∶15→11×3＝33；4 ∶10→4×2＝8；33－8＝25……

（2）188。每个钟上的数字由时针和分针所指时刻的数组成，时针指的数代表高位数，分针代表低位数。如：6 ∶ 10→62，3 ∶ 25→35，62＋35＝97……

（3）4∶00。每个表的数值是分针与时针夹角的度数。如：6∶00 时180°，3∶00 时是 90°，180＋90＝270……

倒转三角形

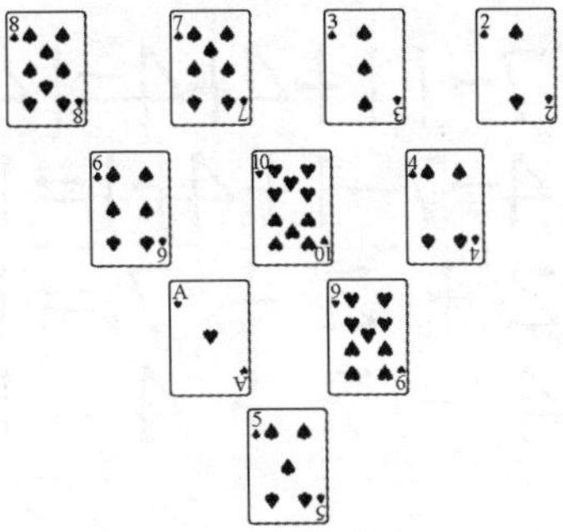

牛棚的面积减半

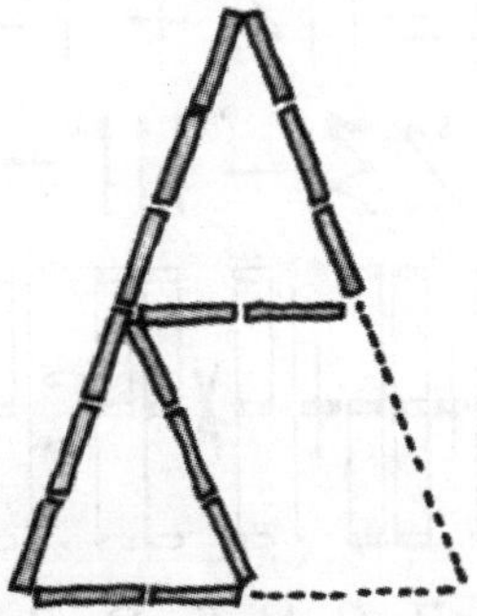

按照图中所示的方法，把原来的土地面积改围成 4 块中的两块。

扑克牌三阶幻方

移动 19 次，移动顺序为：4，1，2，4，1，6，7，1，5，8，1，5，6，7，5，6，4，2，7。

不变的值

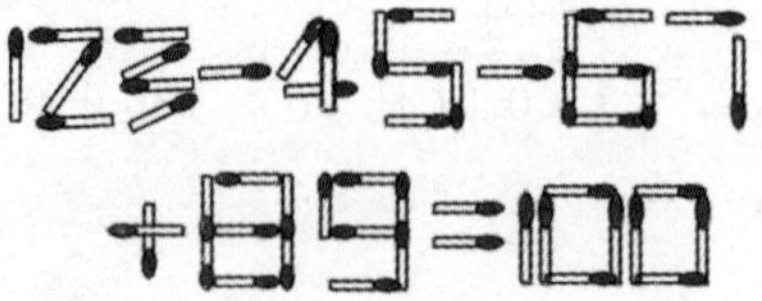

移动1根火柴，找回等式

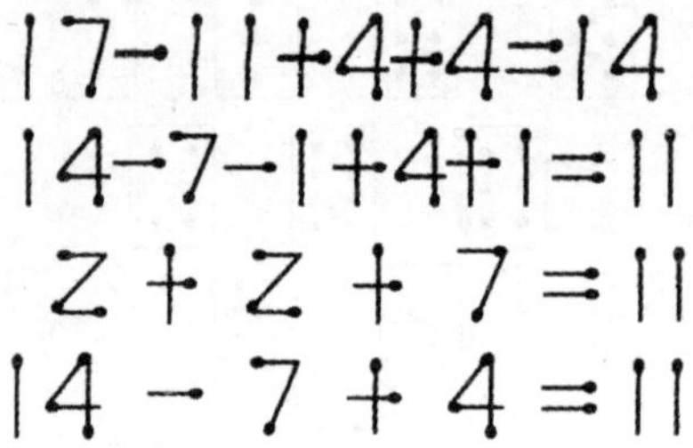

找回等式

（1）
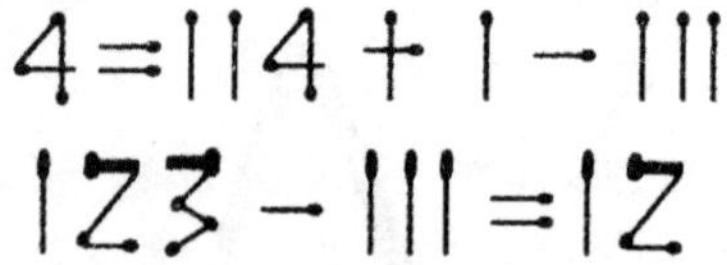

（2）
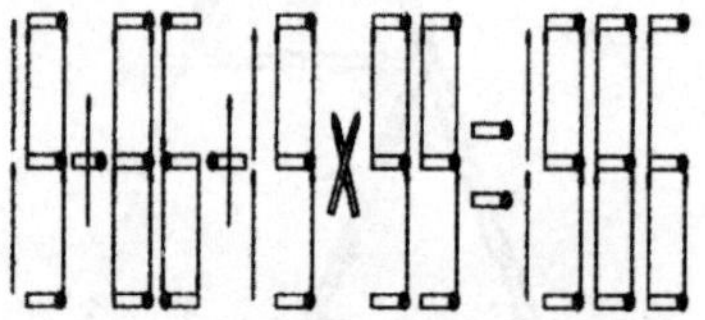

（3）

皇冠状棋盘

有方法保证执黑棋先手的人一定赢得胜利。他的第一步一定要避免走2格。之后，他可选择如下两种方法：一个回合之后，自己的棋子在圆圈内，而且与白棋之间剩下1、8或9个空格；或者一个回合之后，自己的棋子在圆圈外，而且与白棋之间剩下4、5或12个空格。

这个棋盘除了开始摆放棋子的2格以外，一共有15格。其实这个游戏的棋盘可以在相同的形状下有更多的角，也就有更多的格，但是格数一定是奇数。只要不包括两个起点的格数不是5与8的倍数之和（如5、13、21、29、37等），先手一定能赢。

让星星规则的魔法

将这4颗星星连在正方形的三条边上。

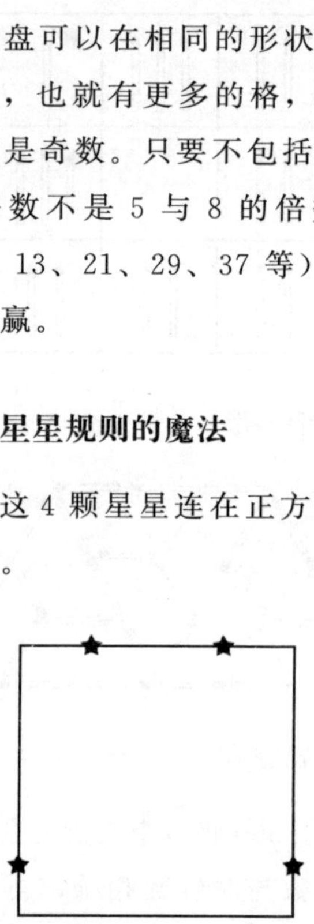

连点方法

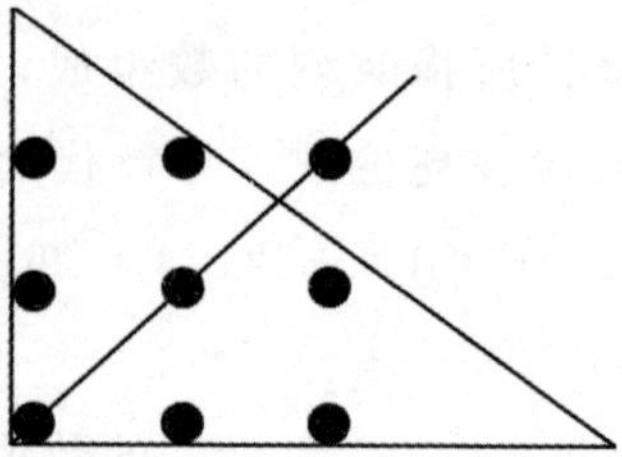

10 条变 9 条的魔法

将图中的并行线沿对角线切割，把右半部沿切口往下移一条线，就变成 9 条。

巧摆硬币

将最右边的硬币叠放在左上角的那枚硬币上，即可横线、直线都有 4 枚。

转换方向

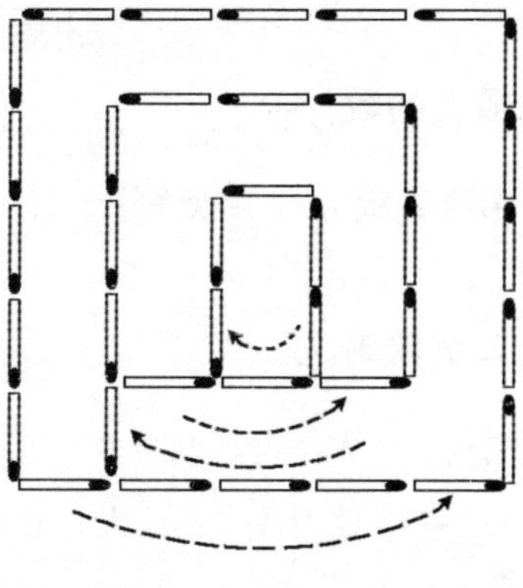

神奇墨水

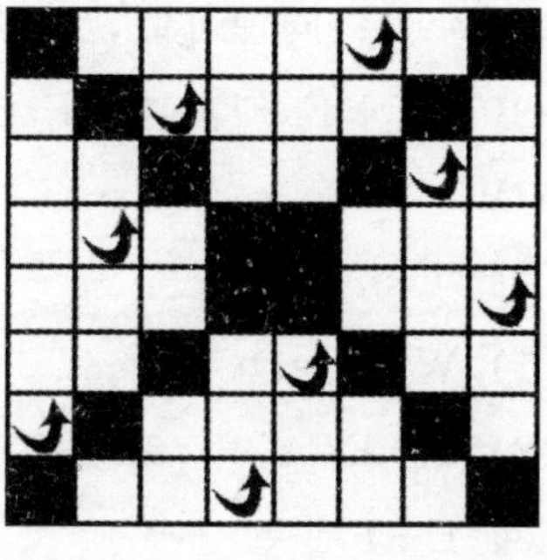

替代的字

用“打”字代替。

巧移火柴

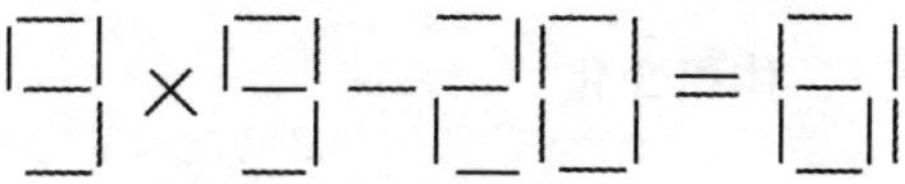

错误变正确

（1）把 62 移动成 2 的 6 次方：26－63＝1。

（2）将“－”与“＝”对调，使等式成为 62＝63－1。

移杯子的学问

将第 2 杯的水倒入第 7 杯里，将第 4 杯的水倒入第 9 杯，使其相间。

事实上，题目考的是一种思维方式，解答时不要拘泥于题目的叙述，应朝多方面开拓思维，才能有效解决问题。

字母算式

依题意得 3C＝B，且其值不会超过 10，B 并大于 C，因此 C 小于 4。而根据图中算式为 C＝3，进而解出 A＝4，B＝9。

商店的最佳位置

由于住户沿着铁路排列，可看成是一条直线。因此，商店应在最中央两户间的任意一点。

体积变化

1/11。假设现在有 12 毫升的冰，融化后变成水，体积减小 1/12，意即剩下 11 毫升的水。当这 11 毫升的水再结成冰时，则又会变为 12 毫升的冰，对水而言，正好是增加 1/11。

老王的烦恼

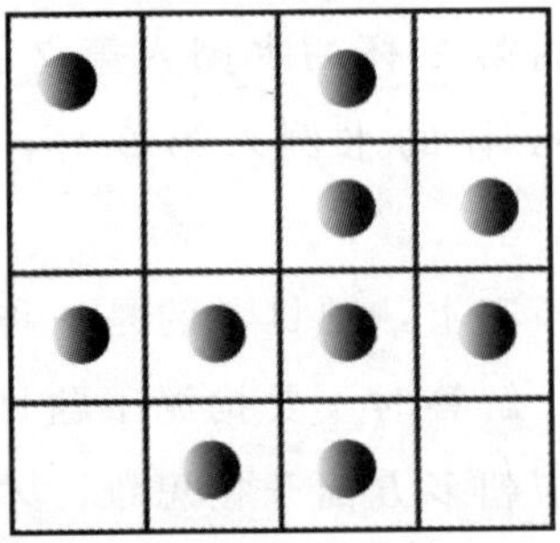

圆圈填数字

⑨ - ⑤ = ④

×

⑥ ÷ ③ = ②

‖

① + ⑦ = ⑧

均分苹果

将 3 颗苹果各切成 4 份，把这 12 块分给每人 1 块。另外 4 颗苹果每颗切成 3 等分，可切成 12 块，每人再分 1 块。如此，12 位孩子都能平均分配到苹果。

数字组合

根据该题目的游戏规则，无论找出哪组数字，它们的总和都是 3 的倍数，因此其组合数字也都能被 3 除尽。

最大的数

9 的 9 次方的 9 次方。

破解密码

E＝7，W＝4，F＝6，T＝2，Q＝0，东路兵力是 7240 人，西路兵力是 6760 人，总兵力是 14000 人。

透过题目分析，发现只能是 Q＋Q＝Q，而不可能是 Q＋Q＝2Q，故 Q＝0；同理可证，只能是 w＋F＝10，T＋E＋I：10，E＋F＋I＝10＋W。

因此可得三条算式：

（1）W＋F＝10

（2）T＋E＝9

（3）E＋F＝＝9＋W

进而得出 2W＝E＋I，所以 E 是单数。

另外 E＋f＞9，E＞F，算出 E＝9 是错误的，E＝7 才正确。由此推论 W＝7，F＝6，T＝2。

趣味金字塔

每一个方块中的数字乘积等于比它略长一点的方块中的数字乘积的一半。例如 4，5，3 与 10，3 的关系为 4×5×3＝60 是 10×3＝30 的 2 倍，因而推论出 A＝5，B＝4，C＝15。

马虎的管理员

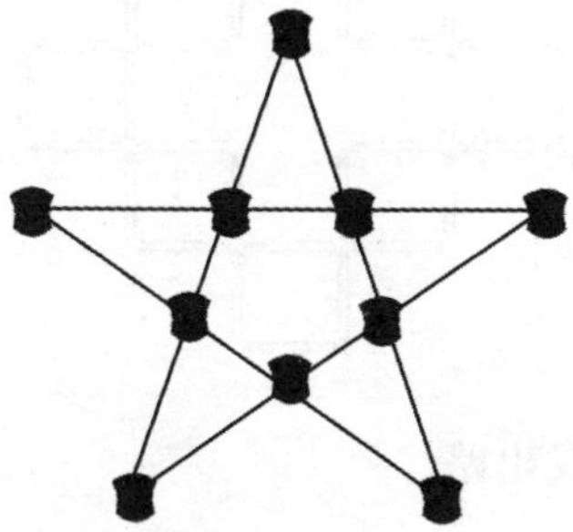

找自己

答案：C。

棋　盘

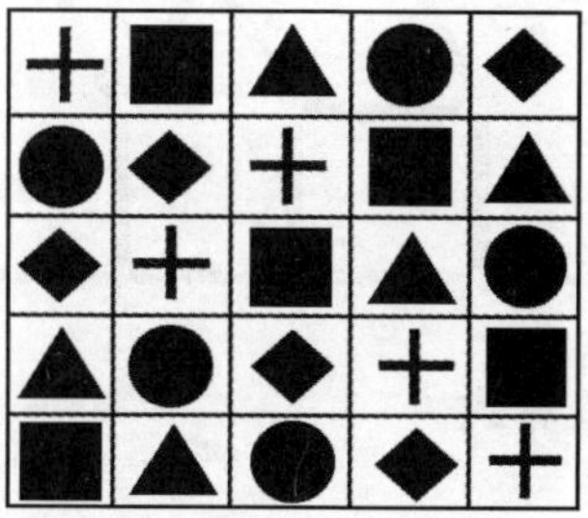

多余的图形

答案：D。如图所示：

变正方形

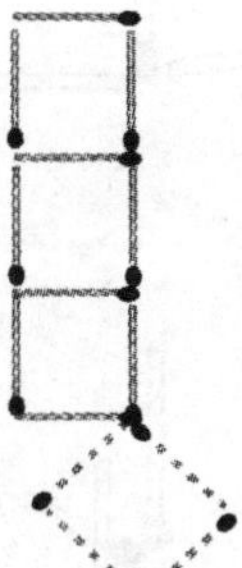

搭房子

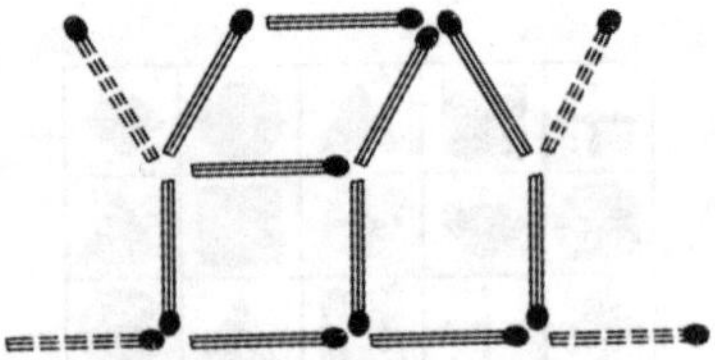

变算式

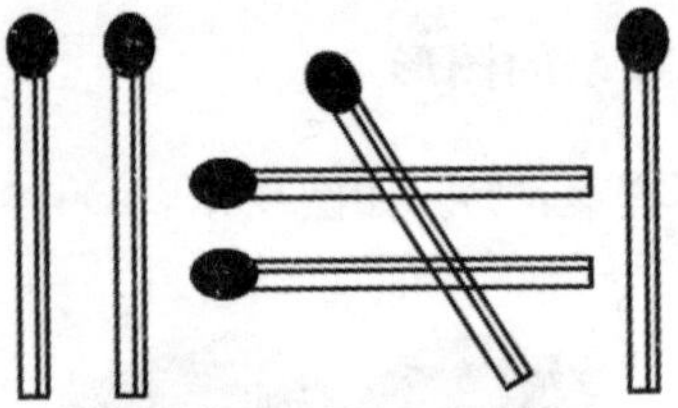

换个方向

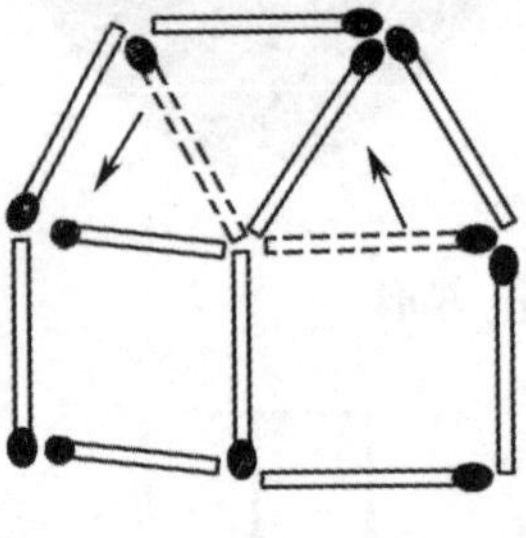

天　平

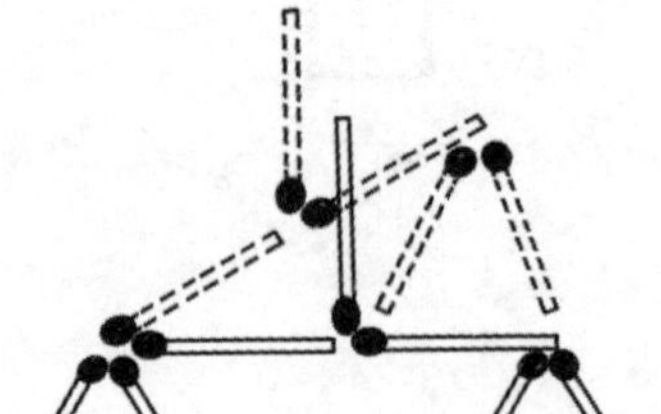

调整算式

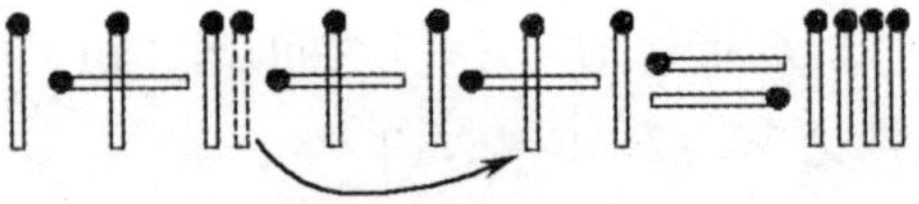

多变的三角形

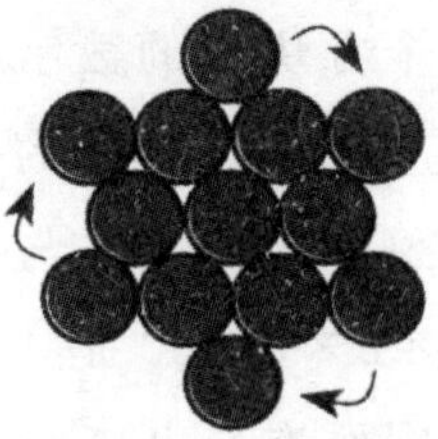

巧拼红十字

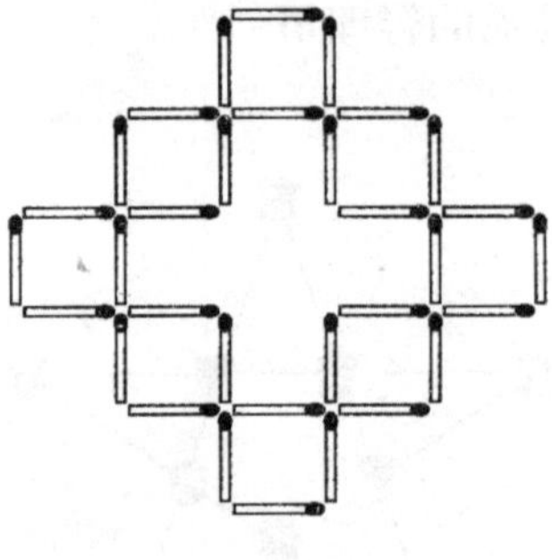

找出路

移动两支小旗。

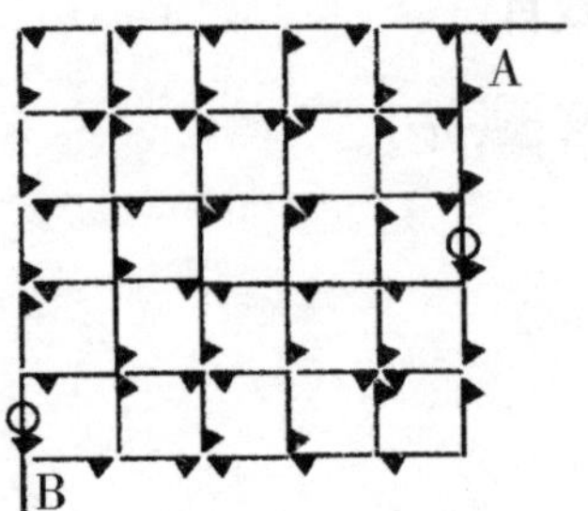

迷乐园

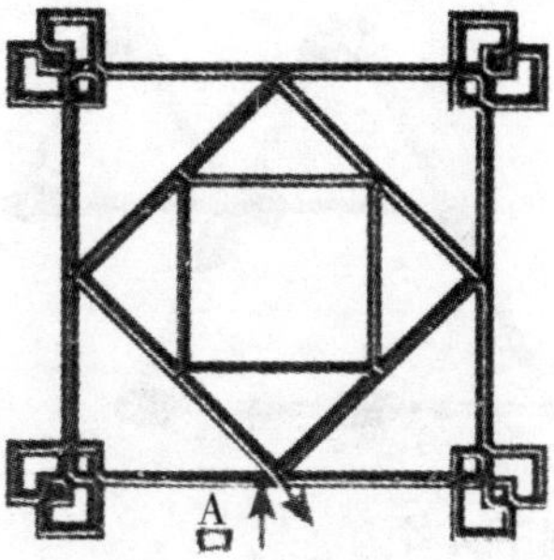

花样扑克

有胜算。

其实，如果朝上的一面是√，朝下的一面是“√”或“×”的机会并不是各占一半的。

朝下的牌是√的机会有两个：一个是第一张卡片的正面朝上时，另一个是第一张卡片的反面朝上时。但朝下的一面是×的机会，只存在于当第二张卡片正面朝上的时候。也就是说，只要这个人回答朝上那面的图案，他就有 2/3 的机会赢。

游遍全国

答案：A—f—c—d—e—b—g—l—i—j—k—h

画出水杯

像图中那样画一条线就得到了 5 个水杯。

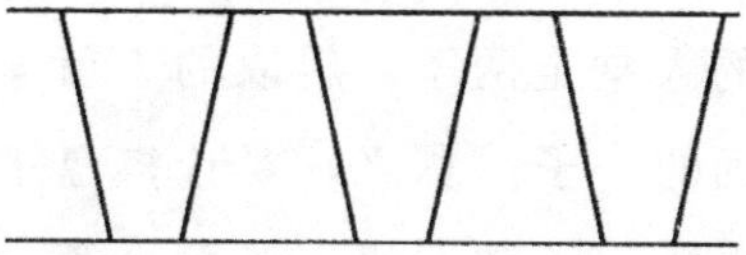

翻象棋游戏

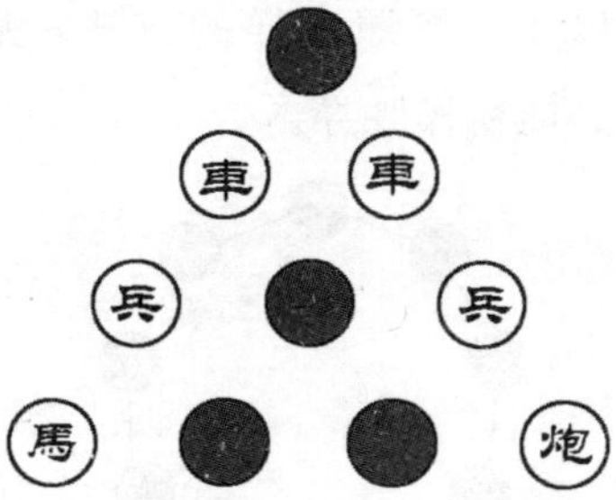

倒转金字塔

九角星形棋盘

后取棋子的人一定能获得胜利。如果先取的人拿走一子，后取棋子的人就要拿走对面的两子；如果先取的人拿走两子，后取的人就拿走对面的一子。总之，要让棋盘上剩下左边三子和右边三子两个孤立的集合。这时无论先取的人怎样取子，只要在对称的位置拿走同样的棋子就可以了。按照这样的方法，后走的人必能稳操胜券。

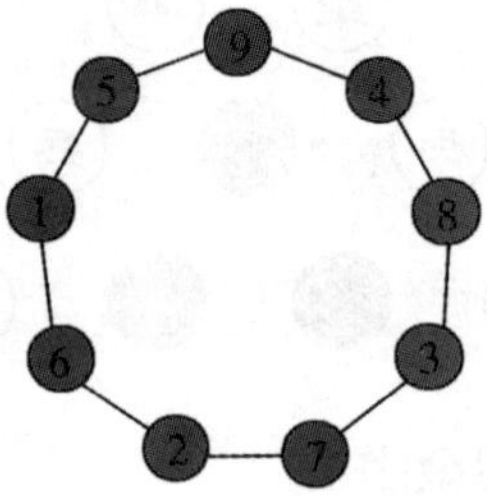

倒出垃圾

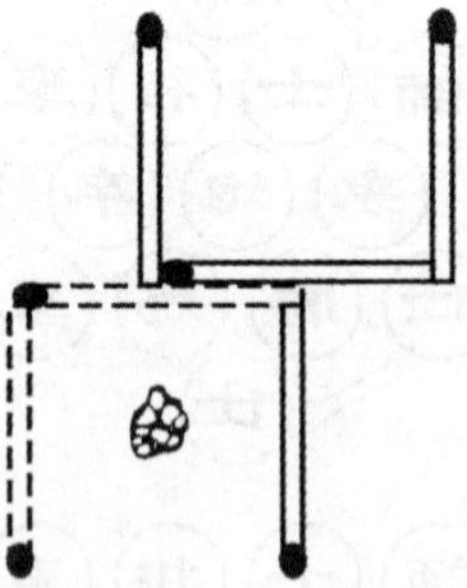

6个变3个

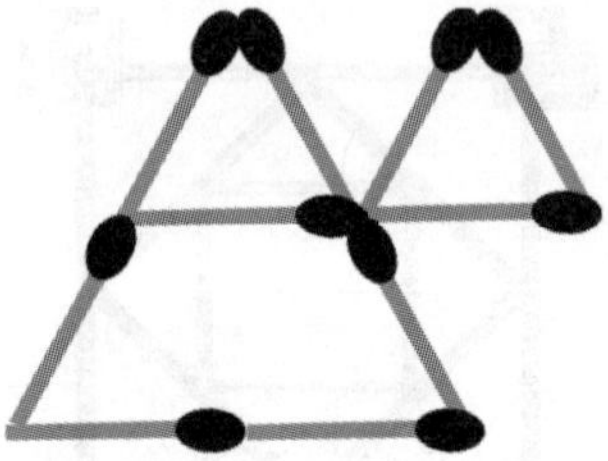

剩下4个

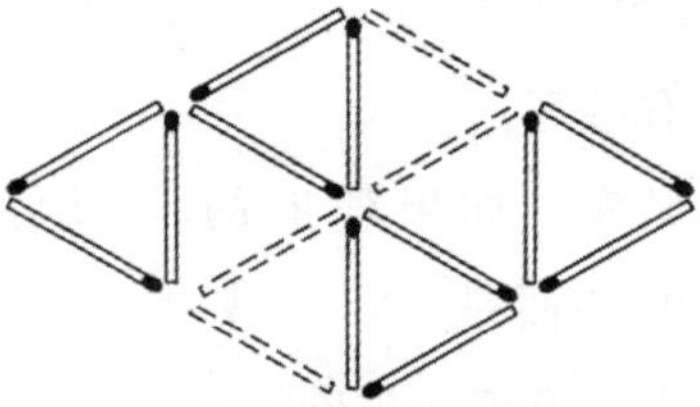

小船变梯形

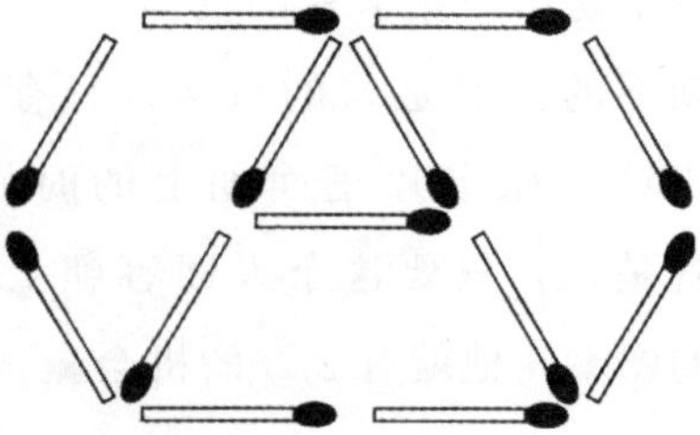

追赶白棋

黑色棋子应该先进入左上角的那一格（×格）。我们把棋盘涂成黑白相间的格子，那么此时黑棋（B）向黑格移动，白棋（W）却向着白格移动，这样黑棋再向白格移动就有赶上白棋的机会。但如果从一开始黑棋就着急走向白色棋子，黑棋向黑格前进一步，白棋也向黑格逃离一步；黑棋向白格移动，白棋就向白格逃离。两个棋子总是处在同样颜色的格子里，黑棋永远追不上白棋。所以正确的思路是黑棋进入×格后再追赶白棋，就有可能追上。

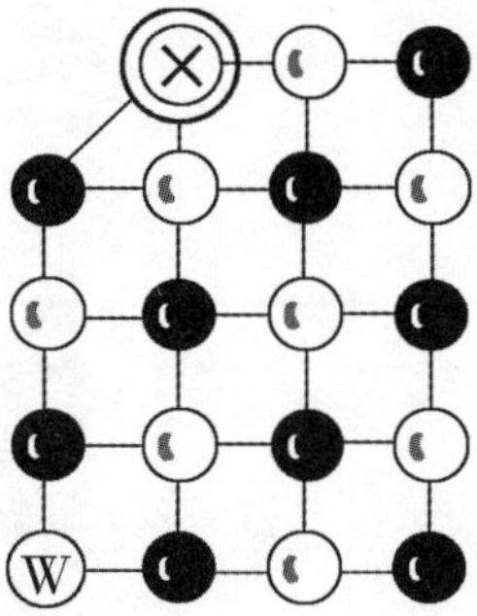

未发完的桥牌

由于只有 4 名牌手和 52 张牌，所以根据发牌规则，最后一张牌肯定是发牌人自己的。发牌中断后，如果仍要继续发牌，发牌人只要把未发完牌的最下面一张给自己，其余的牌自下而上按逆时针方向发，就能保证正确地将牌发完。

老头摆棋

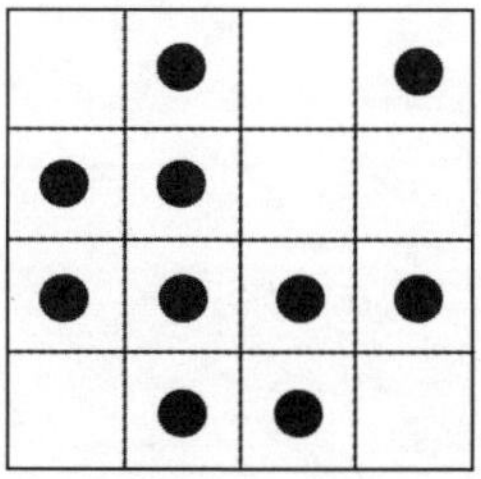

摆棋子

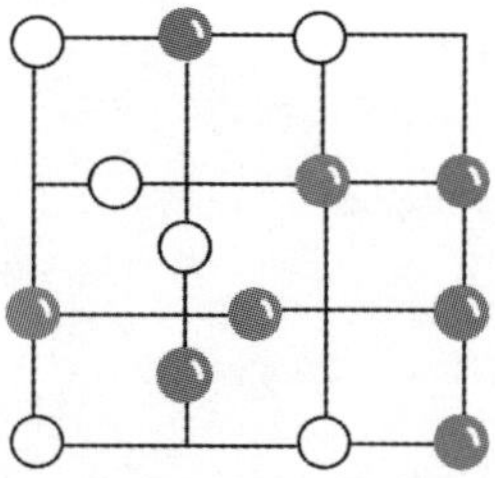

5×5 棋子阵

原来的 25 枚棋子不动，只需要把新加上的 5 枚棋子如下图所示的那样与别的棋子重叠就可以了。

第五部分

空间想象类游戏

空间想象能力是一种对客观事物的空间形式进行观察、分析、抽象思考和创新的能力。

空间想象能力的培养就包含的内容主要有：对几何中直线、平面、空间的基本几何图形的形状结构、性质、关系非常熟悉，能正确画图，能离开实物或图形在思维中识记、重现基本图形的形状和结构，并能分析图形的基本元素之间的位置关系和度量关系；能借助图形来反映并思考客观事物或用语言、式子来表示空间形状及位置关系；能从较复杂的图形中区分出基本图形，并能分析基本图形与基本元素之间的相互关系；能根据几何图形性质通过思考创造出合乎一定条件、性质的几何图形，等等。

上述各方面都以观察、分析、认识图形性质的能力和画图能力为基础。值得强调的是，识图能力和画图能力却不单纯是空间想象力，它与一般能力以及使用画图工具的技巧有密切关系。因此，培养空间想象能力要考虑各方面的因素，互相配合，才能取得好的效果。

本部分就是通过众多的空间类的思维游戏，让青少年朋友在这个广阔的“空间”里张开想象的翅膀，自由自在地飞翔。

内部的秘密

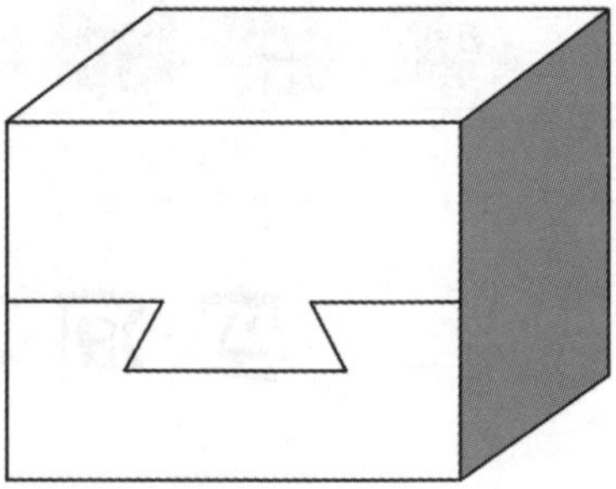

仔细地观察图形。两块木头拼接成如图所示的一个立方体。立方体的周围四个侧面有两块木头的接缝。隐藏在后面的两个侧面上接缝的形状，同我们能看到的两个侧面上的完全一样。初看起来，我们根本不可能不损坏木头而把立方体拆分成原先的两块。但是当你了解了立方体内部的结构后，你就会知道这是容易做到的。事实上，如果我们不可能把它们分开，原先又怎么可能把它们拼接在一起呢？设想一下，立方体内部的结构是怎样的？

挑战想象力

下图是一道数学考题，它可以帮助你挑战多方面的空间想象力。图中，最外层的圆包含一个内接三角形，三角形中有一内切圆，圆内又包含一个内接正方形，再是一个内切圆，里面是正五边形，然后是圆、正六边形、圆、正七边形……层层嵌套下去，每次正多边形的边数都加 1。随着圆越来越小，你能猜出最后这个圆会变成什么样吗？

寻宝活动

有一个慈善机构组织了一次寻宝活动：寻找一罐藏在 Z 村的啤酒。所有的选手都先在 A 村集合，然后所有的人必须分头去其他 9 个村子寻找线索，然后把这些线索集中起来才能知道酒藏在 Z 村的什么地方。

最先回来并宣布找到酒的是刘乐，他巧妙地安排了自己的路线，没有重复走进任何村子，而其他的选手都或多或少走了弯路。

下面是 11 个村子的分布图，村子与村子之间只有一条道路，你知道刘乐是怎么走的吗？

巧切西瓜

炎热的夏天，爸爸从市场买来一个大西瓜，儿子立刻吵着说他要切。爸爸则要求："如果你能只切 4 刀就把西瓜切成 15 块，就让你切！"儿子想了很久也没想到，照这种情况看来，这个西瓜可能要由爸爸来切了。请问，要用什么切法来达到爸爸的要求呢？

能否逃生

爱丽丝漫游仙境的时候，她的身体随比例而缩小。这天她走过一个倾斜的正方形的小洞时，后面突然滚过来一颗玻璃球，现在玻璃球的直径是她身体的 5 倍。她拼命地往前跑，但是距离隧道的出口还有很远，她无法在玻璃球赶上自己之前跑出去。如果这个玻璃球的直径和正方形小洞的高度是一样的话，她是否注定要被玻璃球压死？

同争一题

办公室里，坐着两位数学老师，她们在看同一个题目，并为此争论不休。其中一个说："这个等式是正确的。""不，这完全是错误的。"另一个说。那么，这两名老师究竟看的是什么等式呢？

寄售古画

老板有一张古画，被一个顾客买下，他需要邮寄过去，但是画卷起来的长度是110厘米，而邮寄时要求货物的长度不能超过1米，那么老板有什么办法可以把这幅古画寄出去？

走路的小孩

一个孩子刚学了关于角度的知识，感到非常兴奋。他带了一个大的量角器，从一个点出发，向前走了1米，然后向左转15度；再向前走1米，然后再向左转15度……他这样走下去，可以回到他的出发点吗？如果可以的话，他一共走了多少路程？

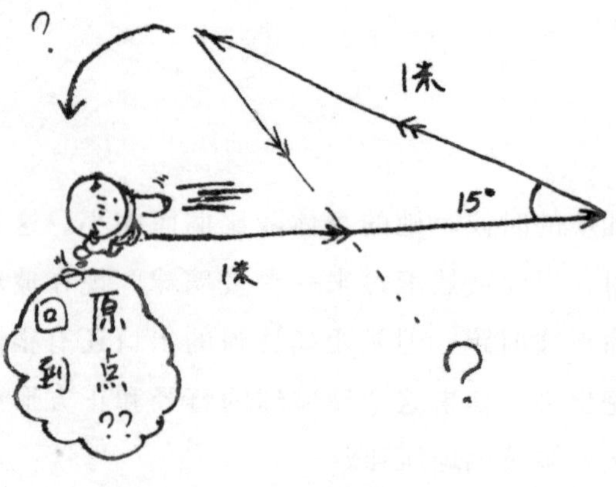

应聘算醋缸

有一个人到一家杂货店应聘做账房。这天，老板让他算一下店中所存醋缸的数量。

只见，醋缸整整齐齐堆放在货仓的墙角处，一共有 7 层，最上层是 4×8 个，第二层是 5×9 个，以下每层，长和宽上都比上一层多了一缸。

此人微微一笑，马上就说出了答案，你知道他的答案是多少吗？

圆桌会议

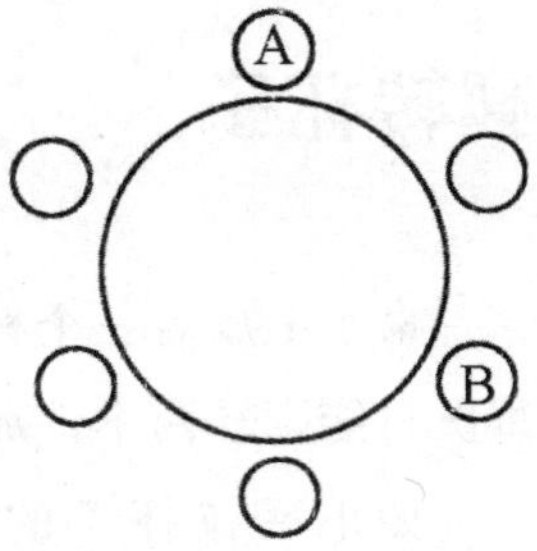

6 个人围着一张圆桌开会，已知：

1. A 坐在 B 右手旁，和 B 中间隔了一个人。

2. C 坐在 D 的正对面。

3. E 坐在 F 左手旁，和 F 中间隔了一个人。

4. F 不是坐在 D 的隔壁。

那么，A 的右边会是谁呢？

海市蜃楼

你可能见过用两面凹面镜组成的“海市蜃楼之碗”。

放在“碗”的底部的一枚硬币或者其他小物体会被反射，并且如图所示被观察到在顶部漂浮。

这个令人难忘的视错觉是由反射产生的，那么有几次反射呢？

蜗牛爬格子

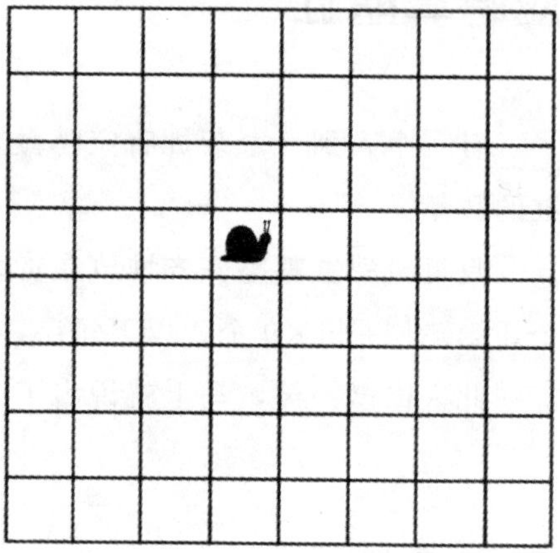

在右面 8×8 的格子中间，有一只小蜗牛，它要爬遍所有的格子，但是它只能“上下”和“左右”爬动，不能斜着移动。

那么，它如何走才能把所有的格子都走一遍，并且没有重复地回到起点呢？

翻转杯子

桌子上放着三个杯子，它们的口都是朝下的，如果让你翻转杯子，但是每次只能翻转两个，那么，你可以把它们全翻转成口朝上吗？

如果现在杯子的数目变成了 6 个，但是三个口朝上，三个口朝下。同样，你每次只可以翻转两个杯子，那么，你可以把它们全翻转成口朝上吗？

现在杯子的数目变成了 8 个，这 8 个杯子都是口朝下的，这次让你每次只能翻转 3 个杯子，你最少需要几次可以把它们全翻转成口朝上呢？

树叶的形状

如果有一片空地，上面只有一棵树，你就站在树的下面，但是你不能抬头，不能用镜子照，你能知道你头上的树叶是什么形状的吗？

火柴光的映象

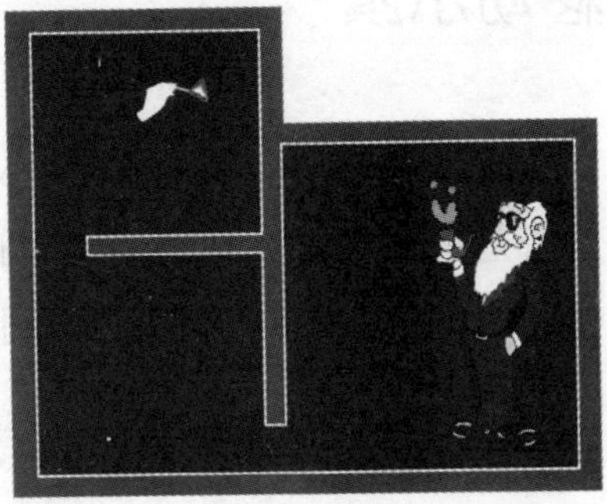

想象图中这个布局里的 3 个房间的墙上（包括地板和房顶）都铺满镜子。房间里面一片漆黑。

一个人在最上面的房间里划了一根火柴。那么在下面右边房间里吸烟的人能看到火柴燃烧的映象吗？

凸面镜中的样子

如右图所示，男孩看左边的凸面镜发现自己是上下颠倒的。然后将镜子翻转 90°。这时候男孩看到的自己是什么样子的呢？

水果荟萃

用最快的速度判断出哪一种水果最多？

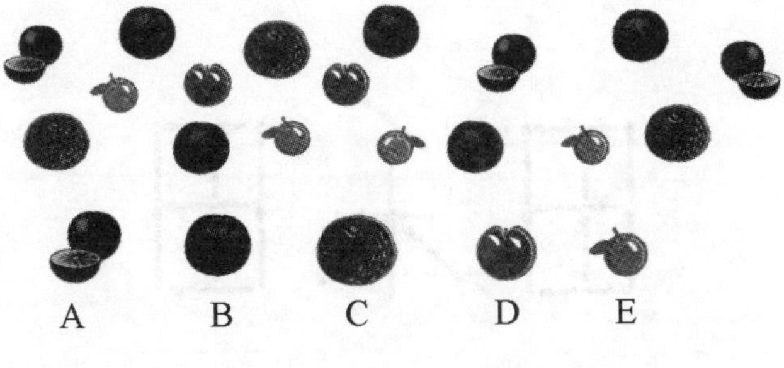

移动小旗

从 A 走到 B，只能沿着小旗的方向前进，左图是走不通的。现在要求调转小旗的方向，使道路畅通，最少要移动几支小旗的方向？

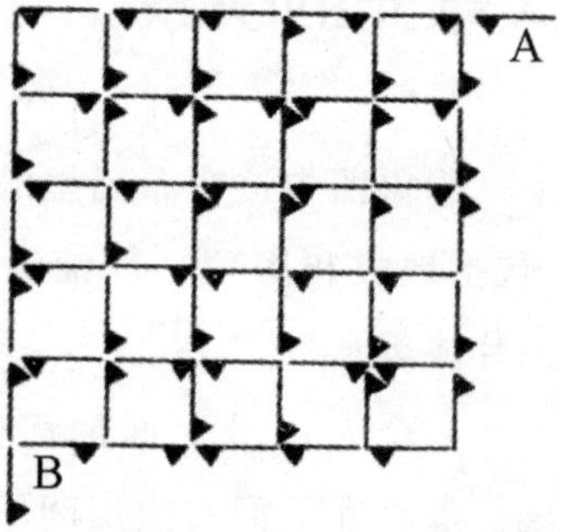

一线牵

用一条线穿过立方体的 6 个面，将这个立方体摊开的话，应该是下面选项中的哪一个呢？

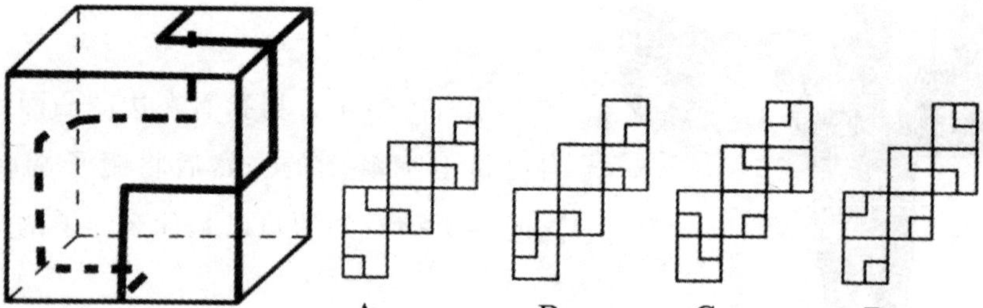

A　　B　　C　　D

移火柴变成语

左图中的三个字田、禾、田是用 24 根火柴棍组成的，三个字组合起来没有什么意义。移动其中的 4 根火柴棍，将它变成一个有意义的成语。怎样移动呢？

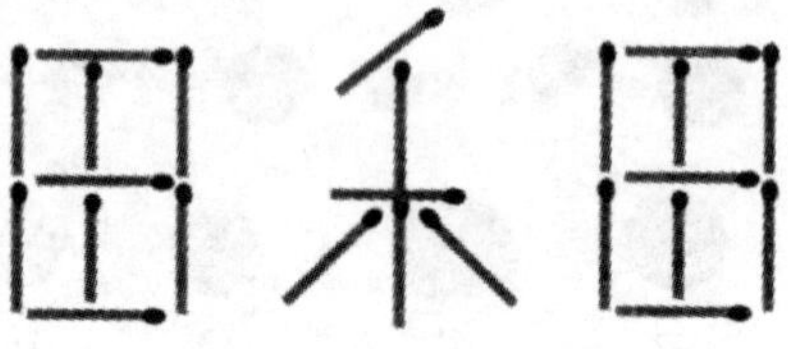

变出十字架

取一张正方形纸，用剪刀把纸剪成 5 块，然后做成一个希腊十字架，想想你该如何剪？

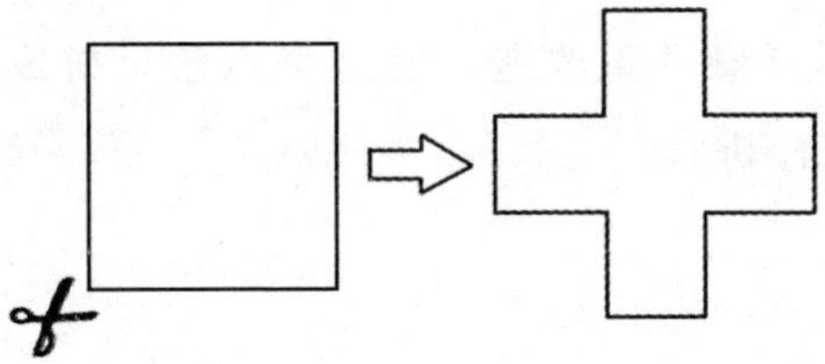

移动杯子

有 10 只杯子，前面 5 只装有水，后面 5 只没有装水。移动 4 只杯子可以将盛水的杯子和空杯相同，现在只移动 2 只杯子也要使其相同，你可以做到吗？

悬在半空

当夜总会的侍者上班的时候。他听到顶楼传来了呼叫声。

他奔到顶楼，发现管理员腰部束了一根绳子吊在顶梁上。

管理员对侍者说："快点把我放下来，去叫警察，我们被抢劫了！"

管理员把经过情形告诉了警察：昨夜停止营业以后，进来两个强盗把钱全抢去了。然后把他带到顶楼，用绳子将他吊在梁上。

警察对此深信不疑，因为顶楼房里空无一人，他无法把自己吊在那么高的梁上，那里也没有垫脚之物。有一部梯子曾被这伙盗贼用过，但它却放在门外。

然而，没过几个星期，管理员因偷盗而被抓了起来。你能否说明一下，没有任何人的帮助，管理员是怎样把自己吊在半空中的？

你能想出这个办法吗？

六角星耳环

这只六角星的水晶耳环，已经很旧了。作为设计师的坎蒂丝决定将这个耳环做一番改造，使这个六角星拼成一个长方形。你说该怎样拼？

十字图案

哥哥与弟弟一起玩游戏，哥哥用 36 根火柴摆出了以下由 13 个正方形组成的图案，然后让弟弟从中拿走 4 根火柴，使这个图案的正方形的数量少 5 个，但十字图案仍然保持不变。弟弟很快就做出来了，你知道他是怎么做的吗？

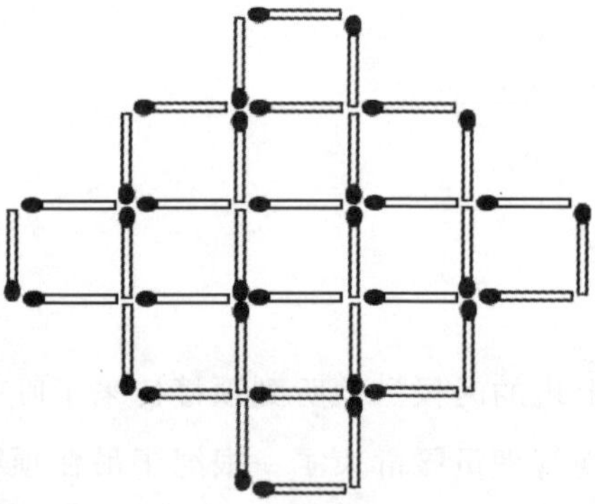

满杯空杯互换

3 个盛水的玻璃杯和 3 个空玻璃杯并排放在一起。如果把它们排成下图所示的状态，一次只能挪动一个，请问最少要挪动几次？

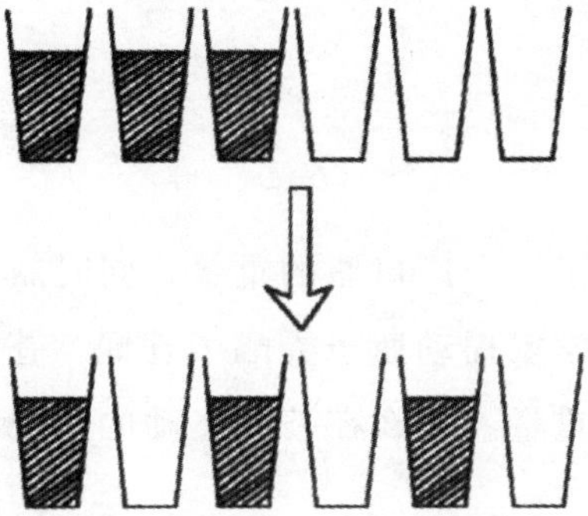

绑架自救

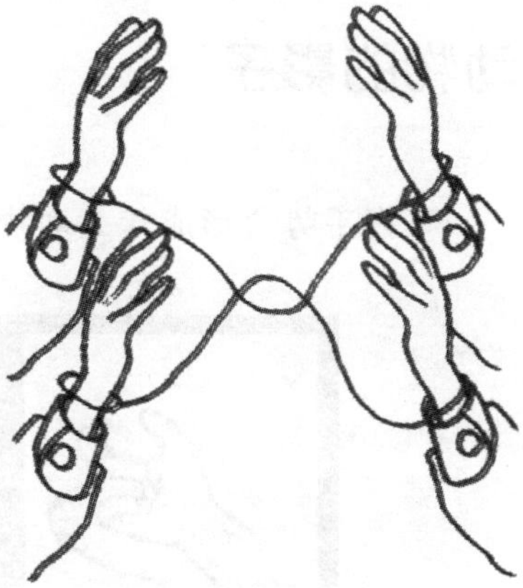

一对夫妇遭人绑架，绑架的情形如图所示，犯罪分子向他们要 100 万现金，不然就会撕票。他俩没法剪断绳子，也无法解开绳结，可他们却逃了出来。你知道他们是怎么办到的？

我行我秀

在一次我行我秀的空间思维比赛中，有一道这样的题，立方体有比二维图形更多的旋转对称。你能找出所有的旋转对称吗？

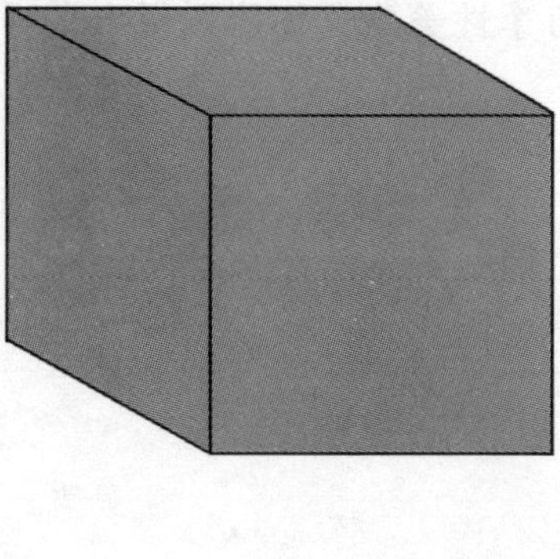

瓶子的重量

科学家仔细地称量了一个广口瓶的重量，同时瓶中还装有一些处于酣睡状态的苍蝇。然后，科学家摇动瓶子弄醒了苍蝇。苍蝇们在瓶中飞动，科学家再次称量了广口瓶的重量。那么在苍蝇飞动的情况下，这个装满苍蝇的瓶子重量会变轻吗？

动物的影子

下列手势会形成什么动物的影子？

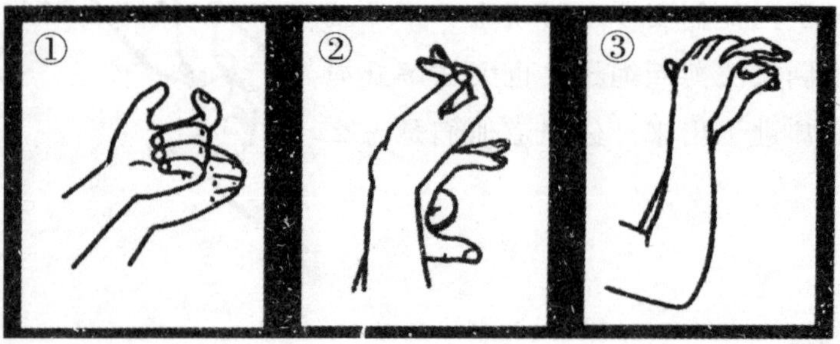

时装表演

时装表演时，A、B、C、D 四姐妹同时出场。她们 4 人当中，有一个与其他 3 个不同，特别富有个性美感。你能看得出来吗？

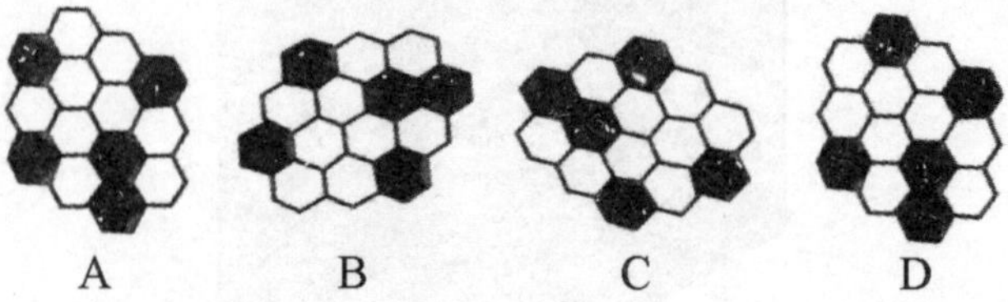

打开链子

在收拾一盒链子时，珠宝匠发现了如右图所示的三根相连的链条并决定把这链条分开。经过观察，珠宝匠找到了只需打开一条链子就能解开全部三条链子之间连接的方法。你找出来了吗？

折纸游戏

请将下面这幅图复印或者临摹下来，沿着虚线折叠，要求数字按正确顺序排列（即 1、2、3、4、5、6、7、8），一个压着一个，“1”排最前，“8”排最后。数字朝上、朝下或在纸的下面都可以。

1	8	7	4
2	3	6	5

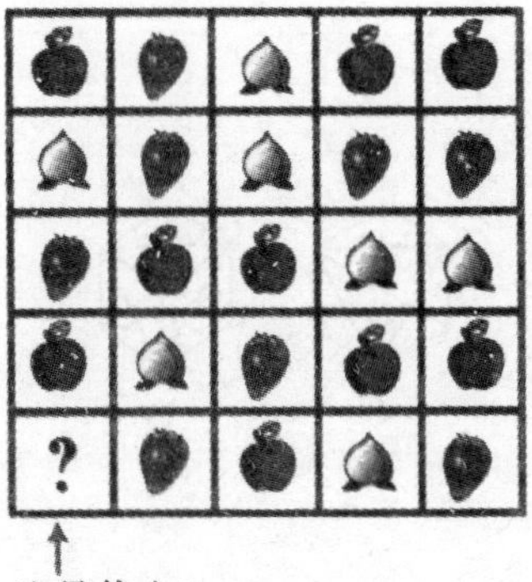

这是什么?

水果填空

在图中的 25 个格里，有苹果、草莓和桃子三种水果。这三种水果是按照一定的规则有序地摆放在空格里。请你好好看看它们摆放的顺序，说出问号处空格里放的是哪一种水果？

镜子里的游戏

有 4 个数字（两组）在镜子里面看数字的顺序相反，它们两者之间的差均等于 63。

请问：这两组数字分别是什么？

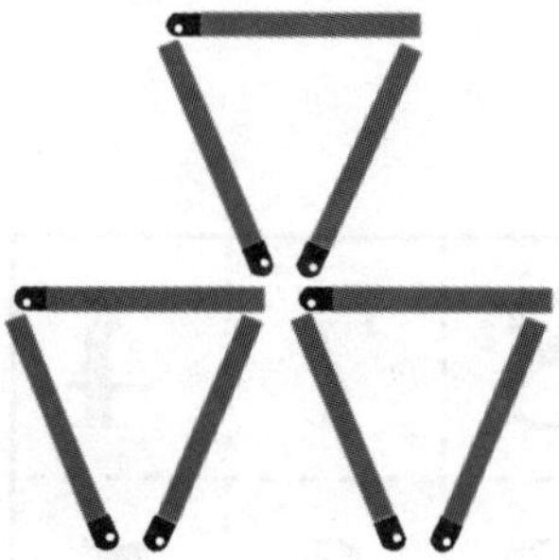

菱形变立体

只移动三根火柴，将这个图案变成由三个菱形组成的一个立方体，你知道怎么去移动吗？

还原立方体

下面哪个立方体可用左面这个图拼成？

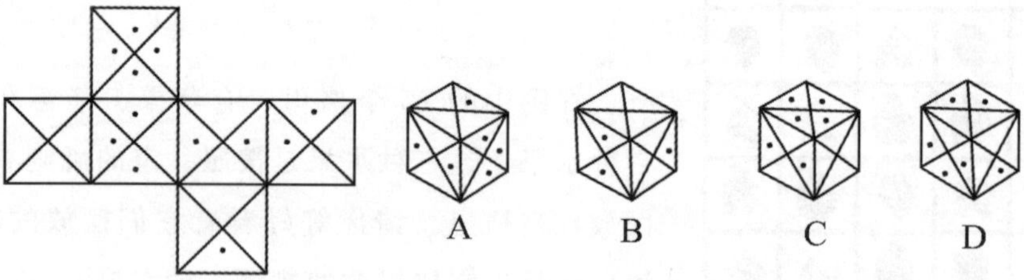

对不上账

3个人住宿时，每人100元钱，将300元钱交给服务员后，再交到会计那里去。会计找回50元钱。服务员中间私吞了20元钱，只还给他们30元钱。

3人分30元钱，每人退回10元钱，合计每人付了90元钱，加在一起共270元钱。再加上服务员私吞的20元钱，一共290元钱。怎么也与付账的钱对不上。是哪里出了问题呢？

谁都没说错

单位年底召开“优秀员工表彰大会”，甲望了望和自己一样站在主席台上接受表彰的同事，对站在旁边的乙说：“哈，女同事还真不少呢，占了1/3。”乙也看了看说：“哪有那么多，也就占1/4。”他们都没说错，那么站在主席台上的到底有多少男员工，多少女员工呢？

平房变楼房

你能不能不用任何绘画工具，将图中的这间平房变成两层高的楼房？

拆开的锥体

下图中的锥体拆开成平面应是哪一个？

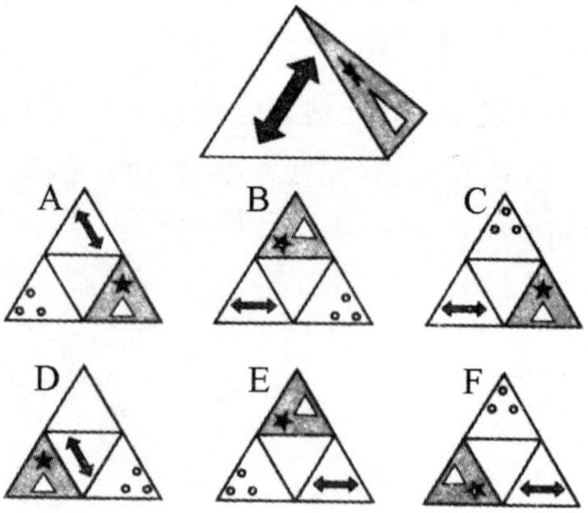

音乐转灯

一盏音乐转灯设计很独特：在中心红光外面包有 7 层圆筒壳，每层壳上都有 7 个五角星的图案，当 7 层壳上的五角星排成一条直线时，这样中心红光可以透出五角星的图案。如果开始时 7 个五角星是对齐的，然后 7 层筒壳一起转动，但是转速却不一样：每分钟第一层转 1 圈，第二层转 2 圈，第三层转 3 圈，第四层转 4 圈，第五层转 5 圈，第六层转 6 圈，第七层转 7 圈。请问：至少要多长时间以后，可以透出五角星图案来？

齿轮转动

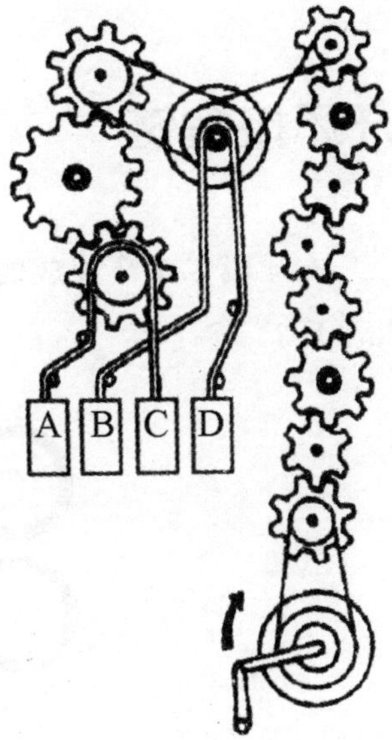

当按照右图中所示的方向转动把手时候，4个重物中哪些会上升，而哪些会下降呢？仔细分析一下各个齿轮之间的传动情况即可得出答案。

平分鸭梨

你家里来了5位同学。你想用鸭梨来招待他们，可是家里只有5个鸭梨，而你也想尝尝鸭梨的味道。谁少分一份都不好，应该每个人都有份。那就只好把鸭梨切开了，可是又不好切成碎块，你希望每个鸭梨最多切成3块。于是，这就又面临一个难题：给6个人平均分配5个鸭梨，任何一个鸭梨都不能切成3块以上。你知道怎样解决这个问题吗？

分蛋糕

有7个朋友给甲过生日，他们带来了一个圆形的生日蛋糕，为了考考这个“小寿星”，他们要求甲只切3刀把蛋糕分成8块，而且每个人都能得到相等的一份。你知道该如何切吗？

开环接金链

有 4 段 3 个环连成的金链，要设法将它们连成一个金链圈，至少要打开几个环？

生日宴会

假如在你的 13 岁生日宴会上，来了 12 个小孩。每 4 个孩子属于一个家庭，共来自甲、乙、丙这三个不同的家庭，当然也包括你所在的家庭。这 13 个孩子中，除了你 13 岁外，其余的都不到 13 岁，而且每个孩子的年龄都各不相同。在 1～13 这 13 个数字中，除了某个数字以外，其余的数字都表示某个孩子的年龄。把每个家庭孩子的年龄加起来，得出以下结果：

甲家庭：年龄总数 41，包括一个 12 岁；

乙家庭：年龄总数 23，包括一个 5 岁；

丙家庭：年龄总数 21，包括一个 4 岁。

请问：你属于哪一个家庭？

超车之谜

爸爸带着儿子开着新买的小汽车沿湖滨公路游览，儿子坐在里面甭提有多么开心。这时，儿子从车镜里看到后面有一辆破旧的小货车，开得很慢，像一位老人在艰难地往后倒着走。小货车越掉越远，渐渐看不见了，儿子高兴得在车上手舞足蹈。

湖边的路只有 2 米多宽，是单行线，儿子玩累了，一会儿就睡着了。等他一觉醒来，简直不相信自己的眼睛，小货车竟然慢腾腾地开在自己的车前面，它是怎么超过去的？

镜子里的怪现象

在照镜子时，你在镜子中的影像与你自己相比，左右颠倒了方向。比如你的左手，在镜子中就成了你的右手，而你的右手在镜子中则成了你的左手。由此看来，镜子中的影像是可以左右颠倒的。

但是如果你在镜子前面躺下，你会发现镜子中的影像并没有左右颠倒，比如你头和脚的位置依然与你躺下的实际的方向是一致的。为什么又不能左右颠倒了呢？

遭遇假币

顾客拿了一张百元钞票到商店买了 25 元的商品，老板由于手头没有零钱，便拿这张百元钞票到朋友那里换了 100 元零钱，并找了顾客 75 元零钱。

顾客拿着 25 元的商品和 75 元零钱走了。过了一会儿，朋友找到商店老板，说他刚才拿来换零钱的百元钞票是假钞。商店老板仔细一看，果然是假钞，只好又拿了一张真的百元钞票给朋友。

你知道，在整个过程中，商店老板一共损失了多少财物吗？（注：商品以出售价格计算）。

小顽童的鬼把戏

小顽童最喜欢搞些自以为是的小把戏，常常把大人们逗得乐翻了天。一天，他摆出这样一个把戏：在一个睡着的小猫的背上放上一根杠杆，在杠杆的左边放一只足球，杠杆的右边放一枝正在燃烧的蜡烛，此时杠杆正好平衡。假设在蜡烛燃烧尽之后猫还没有醒来，也没有动一下或者翻一下身，足球将滚向左边还是右边？

吵架的邻居

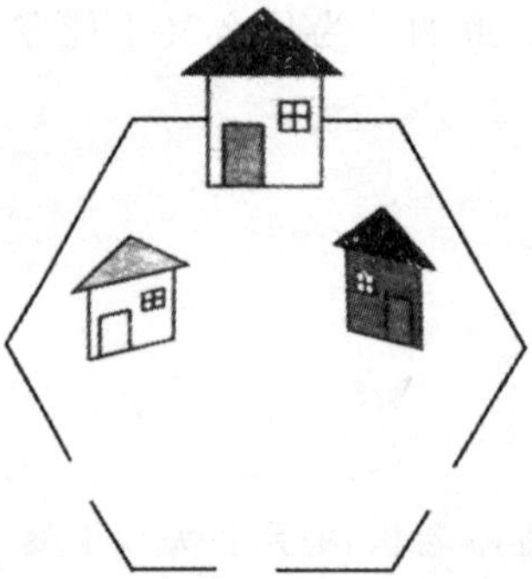

有 3 户人家合住在同一个小院里（如图所示），但他们总是吵架，住得都很不开心。住在大房子的主人最先采取措施来改变这种状态——从他家的门口到图中下方修了一条封闭式的小路。住在右边房子里的主人也不甘示弱，他修了一条路通到左边的大门。最后，住在左边房子的主人也修了一条通到右边的大门。但令人惊奇的是，这几条路都互不相交。你能正确地画出这三条路吗？

搭积木

家里有一个正立方体的木墩。胖胖想把它切成 27 块用来搭积木。你猜胖胖最少要切几刀才能完成任务？

鬼迷路

一天晚上，三个探险家为了抄近路，决定从宽 4 千米的山谷中穿过。他们走了很久，按时间计算应该到达目的地了，但每次总是莫名其妙地回到出发点附近。这就是人们经常所说的“鬼迷路”。你知道是怎么回事吗？

寻找咖啡杯

下图是从上面垂直往下看咖啡杯的样子。那么，请你仔细地观察一下与下图一样的咖啡杯是下面四个咖啡杯中的哪一个呢？

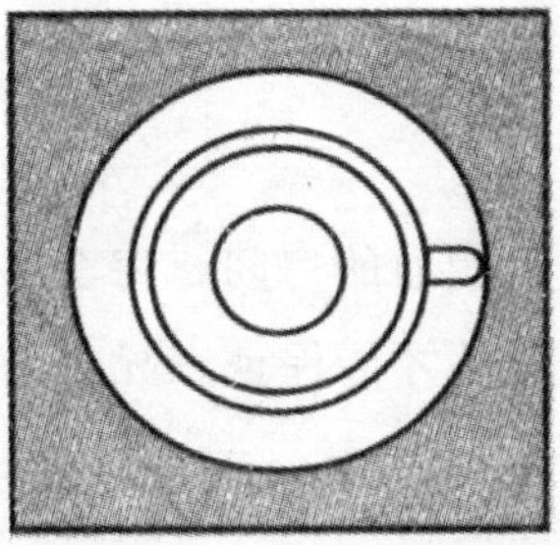

改变楼高

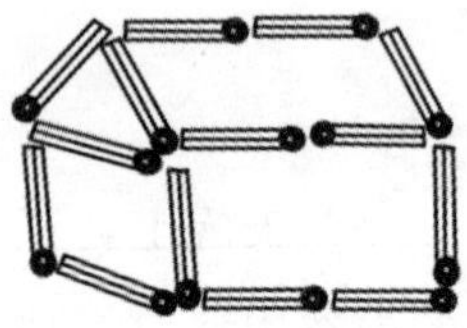

如图是一栋一层楼高的房子，如果要建成两层高的楼，至少需要移几根火柴呢？

巧妙的方法

在一张纸上，有一个直径为 3 厘米的圆洞。现在要求从这个圆洞中穿过去一枚直径为 4 厘米的纪念币。应采用什么方法？

钥匙和房间

三兄弟分别住在三个互不相通的房间，每个房间门上都有两把钥匙。请问：如何安排房间的钥匙才能保证三兄弟随时都能进入每个房间？

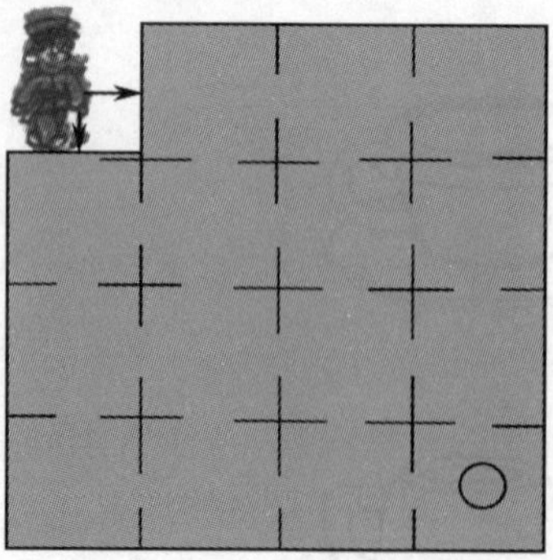

巡逻的保安

如图是信息大厦的示意图，一个保安从图中入口处进入，他要将所有的房间巡视一遍。现在他想回图中画“O”记号的管理室，要求每个房间只能经过一次。请问他该如何走？

想象全貌

想象一下这个物体实际上是什么样子？

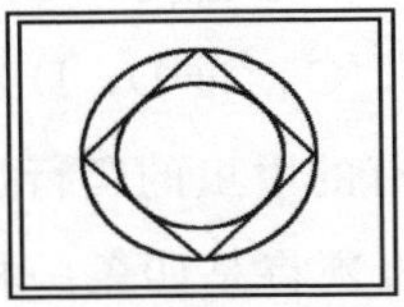

▲从上面看时的样子

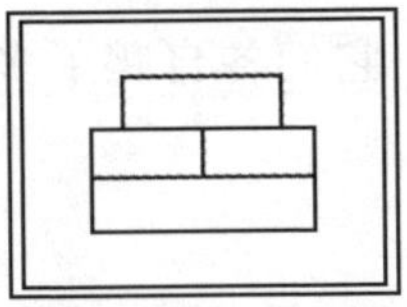

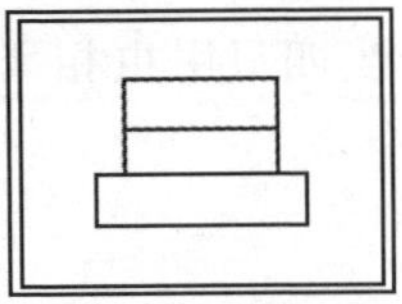

▲从侧面看时的样子　▲从前边看时的样子

如何分生日蛋糕

爸爸在儿子周岁生日的时候送给他一个特别大的圆形蛋糕，儿子很开心。爸爸问儿子："你能不能将这个蛋糕分成重量、形状完全相同的两份。并且保证分出来的形状必须全部由曲线组成，不准有直线？如果你能想出好主意，那我就再送你一份礼物。"

你能帮这个小孩再得到一份生日礼物吗？

两个影像

一个小孩拿着一个如图所示的器具，说："我在这个器具上看到了一个正的影像，一个倒的影像。"小孩说得对吗？

四只甲虫

四只甲虫 A、B、C 和 D 处于一个边长 10 厘米的正方形的四端。其中，A 和 C 是公的，B 和 D 是母的。A 对准 B，B 对准 C，C 对准 D，D 对准 A 同时直接朝前爬。如果所有的甲虫的爬行速度都一样，那么，它们的爬行轨迹将是四条一样的螺旋曲线，最终相交于这个正方形的中心。

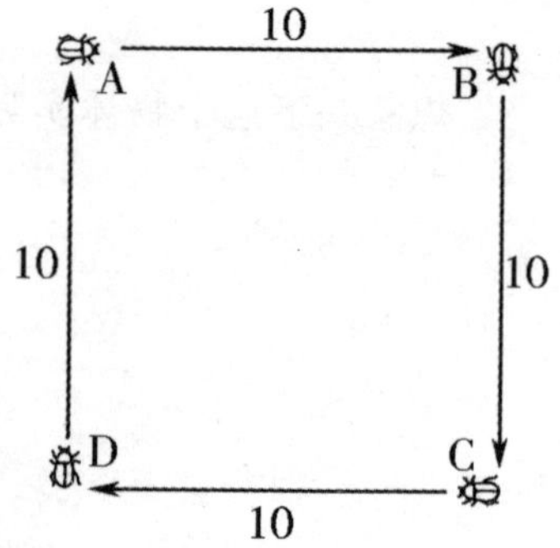

现在的问题是，当四只甲虫相聚时，它们各自爬了多长的距离？

上升还是下降

（1）如果黑色箭头向上拉，底下吊着的东西是上升还是下降？

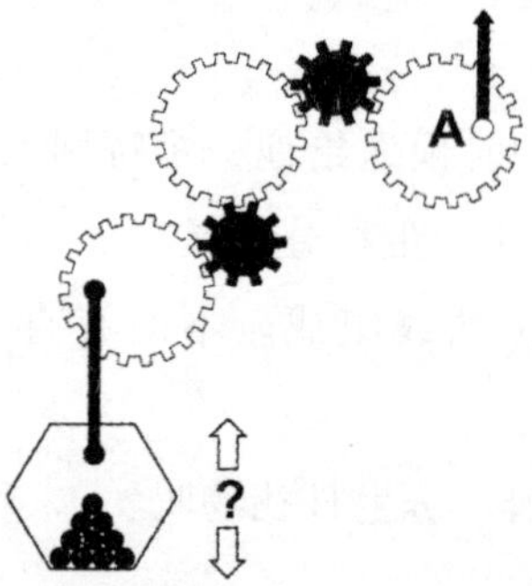

（2）如果 A 处的轮子按照图示转动，下面的物体首先上升还是下降？

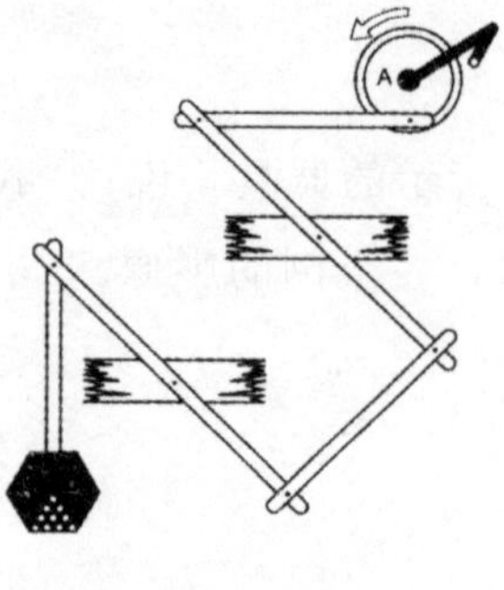

莫比斯环

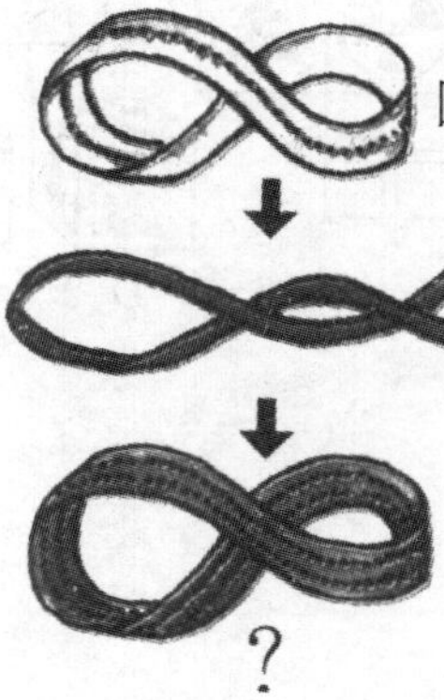

莫比斯环不仅形成过程非常奇妙，而且它可以在不断的剪切中发生无数的变化。请拿出一张长纸条，将其中一端翻转之后，再把两端连接固定，形成如图 1 所示转折 1 次的纸环。

先把转折 1 次的纸环沿着宽度的 1/2 处剪开（如图 1 中的虚线），这样会形成一个两倍长度、转折两次的纸环（如图 2）。接下来，把转折 1 次的纸环从宽度 1/3 处剪开成 3 等份。请你动手试一下，看看会出现什么情况？

哪一粒不可能

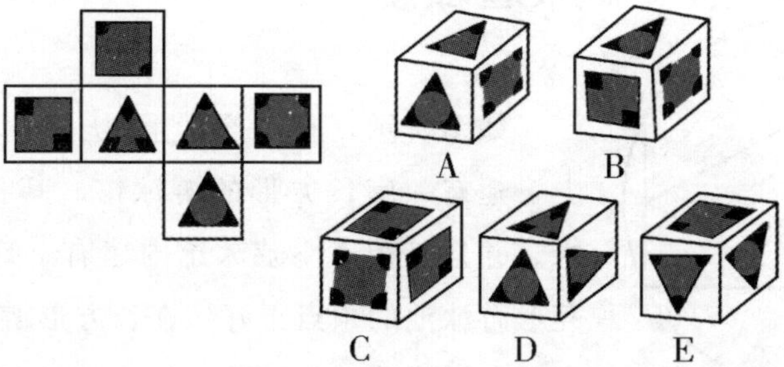

已知如图 5 粒骰子中，有 1 粒是已知的骰面布局图无法构成的，你能找出来吗？

拆开立方体

此正方体由何图形成？

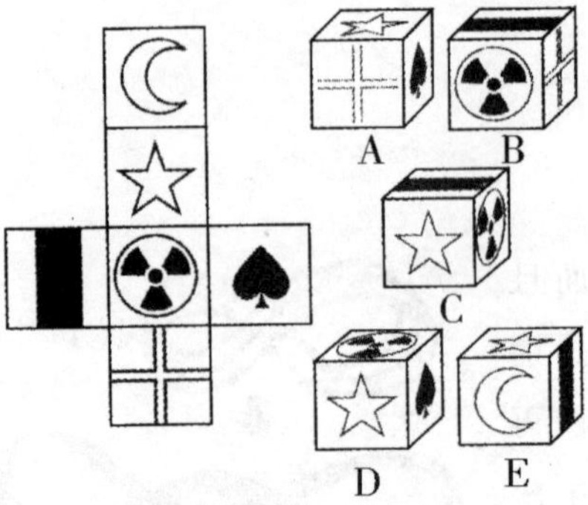

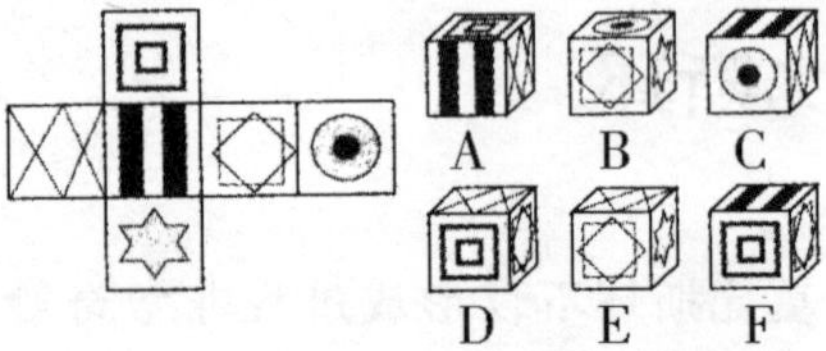

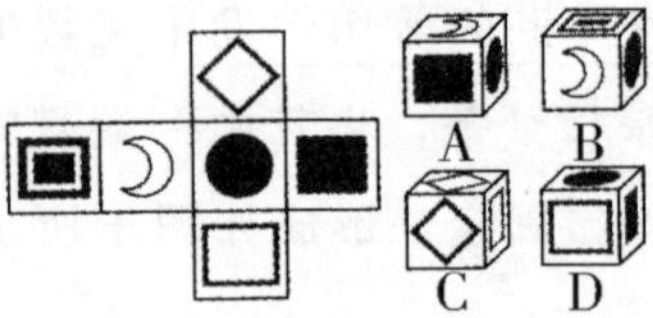

立方体

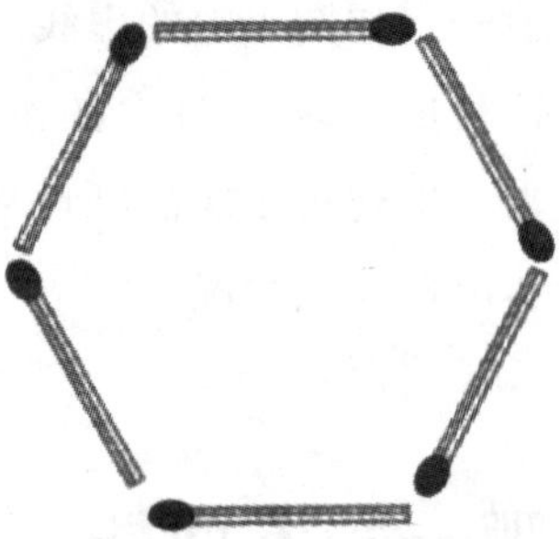

给下面的图形添上 3 根火柴棍，将它变成立方体。

泳道长度

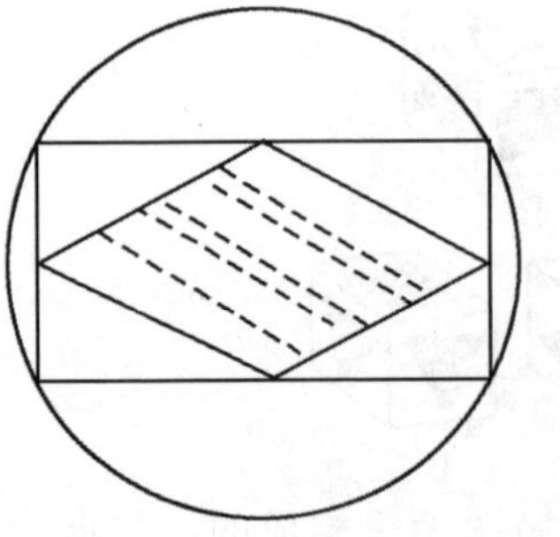

如图所示，在一个直径为 100 米的圆形场地上，建有一座长方形的游泳馆，其长边长度为 80 米。并且又在这座游泳馆内建有一座菱形游泳池，菱形游泳池的顶点正好接在长方形游泳馆各边的中点上。请你算一下游泳池的泳道长多少米？

什么样的物体

下图是从三个方向看到的某一个物体的投影。看完这些图形后，请想象并画出这是个什么样的物体？

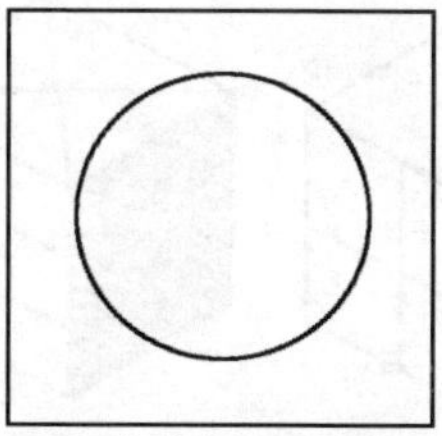

▲从底部看的样子

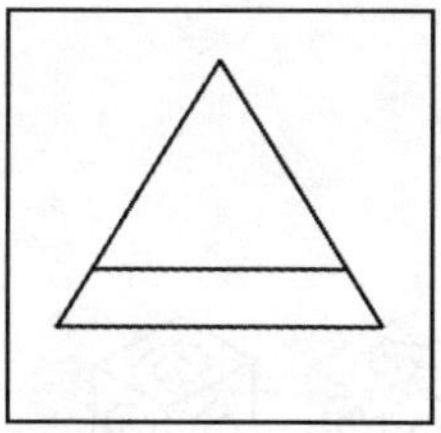

▲从侧面看的样子

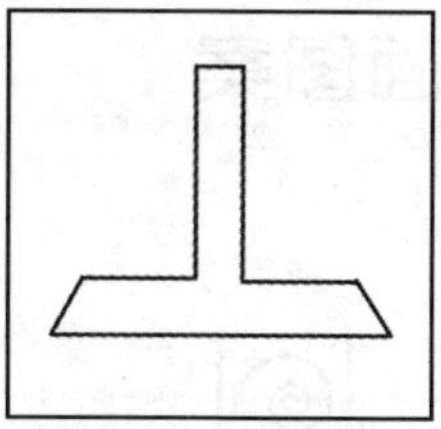

▲从前面看的样子

三棱锥的表面图案

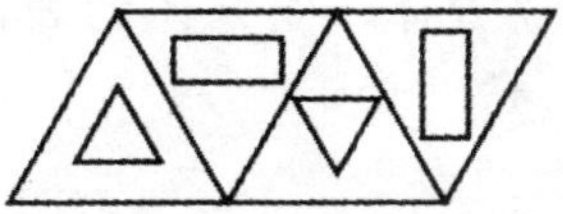

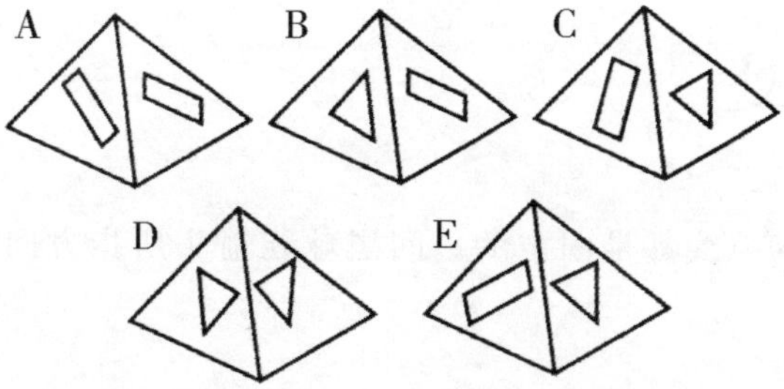

将如图纸片折起之后，物体表面的图案将是怎么样的？

相对的一面

仔细观察四幅图，你能推算出第四个正方体与空白面相对的一面是什么样的吗？

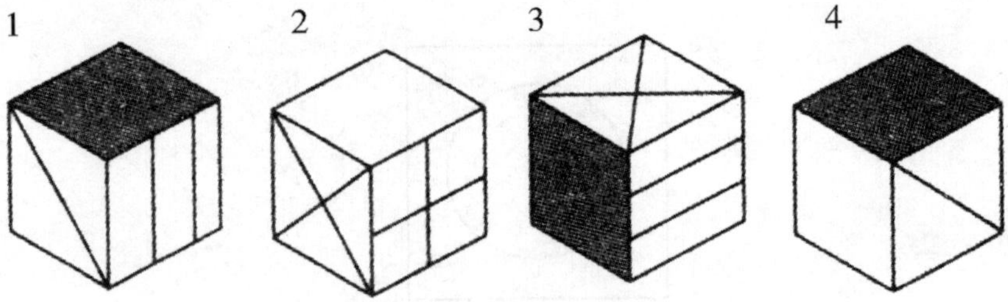

立方体的表面图案

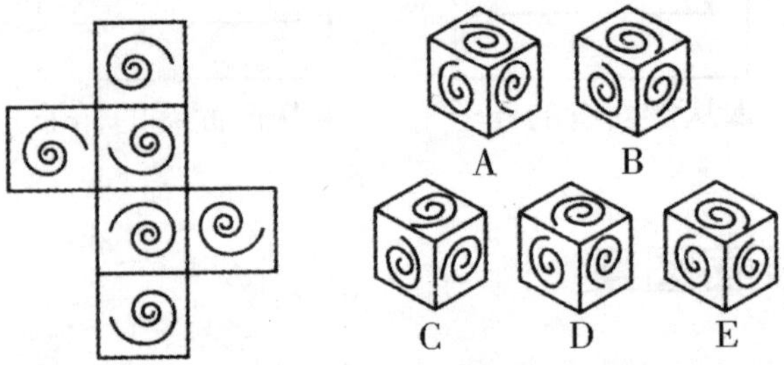

将如图纸片折成一个立方体，立方体的表面图案是怎样的？从 A、B、C、D、E 中选出正确的一幅。

黑球落在何处

下图中所有的弧线都是固定的。问黑球朝箭头所指方向滚下会落在什么地方？

纸环想象

用两条宽度和长度相同的纸带做成两个圆环。把这两个圆环相互粘在一起，然后沿虚线剪开来，如图所示。

请问：剪开之后的形状是什么样子？

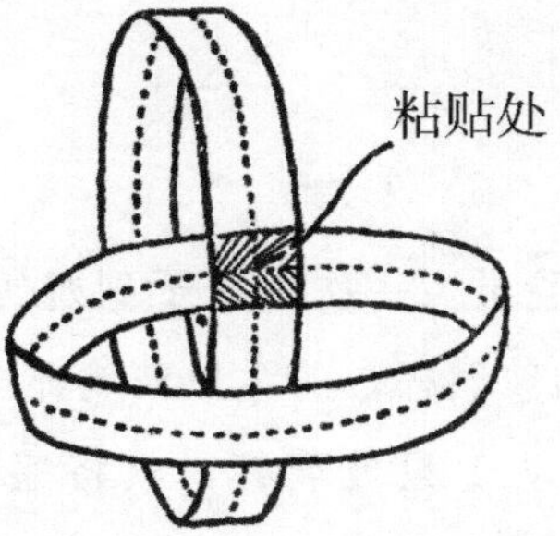

快速烤饼

妈妈从超市买回一个烤锅，这个烤锅 1 次只能烤 2 张饼，烤一面需要 1 分钟。你认为能在 3 分钟的时间里烤好 3 张饼吗？

迷惑的城堡

这座城堡是一个秘密迷宫，你该怎样才能走出这个城堡呢？

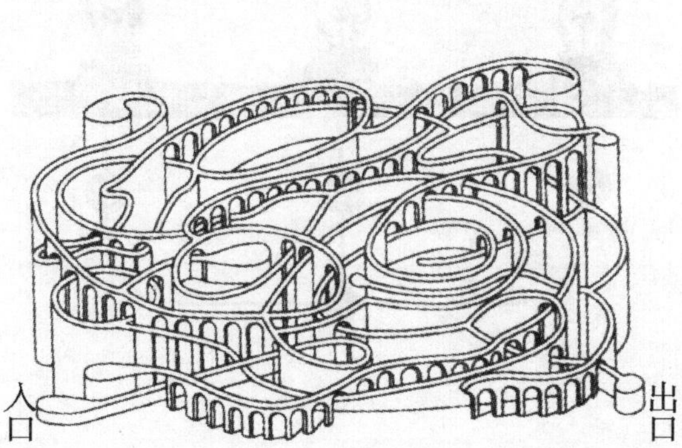

怎么栽树

植树节那天，老师带领同学们去郊外植树。某小组的同学拿来 9 棵树，老师要求他们栽 10 行，每行 3 棵。请你想一想，应该怎样栽呢？

机灵的儿子

妈妈是某化肥厂的化验员。一次，儿子到妈妈的化验室里玩。妈妈问儿子："你看这 6 只化验用的玻璃杯，前 3 只玻璃杯里盛满了水，后面 3 只玻璃杯是空的。你能不能只移动 1 只玻璃杯，就将盛满水的杯子和空杯子间隔开呢？"

聪明的儿子想了一会儿，很快就做到了。你知道他是怎么做的吗？

灯泡开关

木板上有 3 个电灯泡，配线方法如图所示，现在左边的两个开关出现了故障，能不能在不使用任何新材料的情况下，让所有的灯泡均可自由开关？注意，不能将电线取下来或互相粘连，也不能换上其他开关。

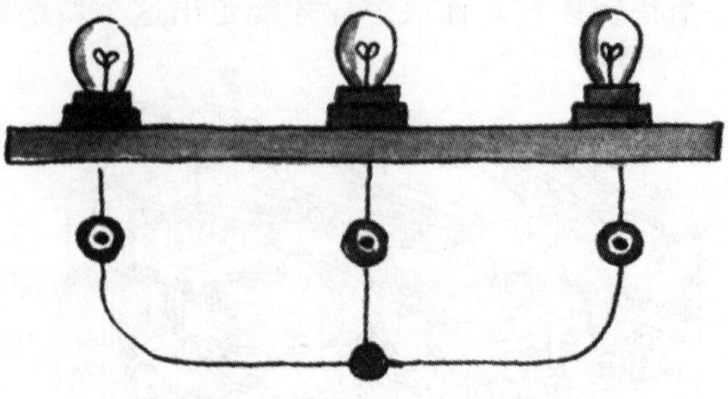

参考答案

内部的秘密

初看这道题时，你极可能想当然地假设，这个立方体的底下部分的两道槽是互相垂直的。如果是这样的话，这两部分根本就不可能拼在一起，当然也就谈不上把它们分开了。但如图所示，这两道槽事实上对于立方体底平面来说成对角线走向，并且互相平行。这种内部结构使得立方体的两部分很容易拆分开来，并重新拼在一起。

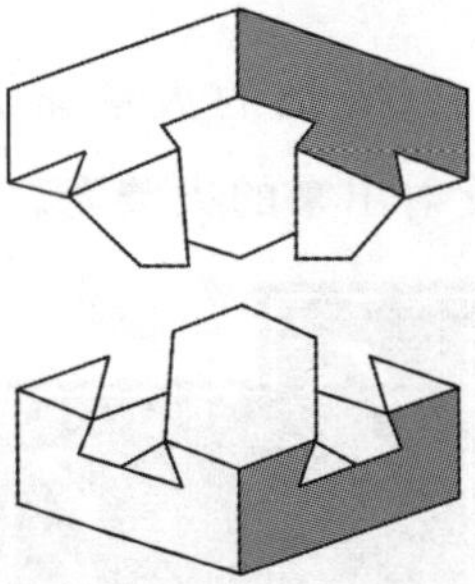

挑战想象力

你可能认为最终圆面积将趋向0。然而，结果并非如此。精确的计算要用高等数学，最终结果圆的半径大约是第一个圆的1/8.7左右，或者说，约0.115单位。

寻宝活动

刘乐走的路线是：A—G—M—D—F—B—R—W—H—P—Z。只有按着这条路线走，才能做到从A村到Z村都走一次并且不重复。

巧切西瓜

横着切一刀，竖着切一刀，再水平地切一刀。这三刀就把西瓜切成5块；在靠近西瓜中心的位置斜切一刀，便成了15块。

能否逃生

相对她缩小的身体来说，玻璃球很大，所以球和正方形的洞之间有很大的空隙，这个空隙足以让她躲在那里而不被压到。

同争一题

这个等式是9×9＝81。如果观看的角度不一样，这道题就变成了6×6＝18。

寄售古画

做一个长度是一米的长方体盒

子，把画倾斜着放在盒子里。

走路的小孩

他可以回到出发点。他一共走了 24 米。

应聘算醋缸

有 567 个醋缸。

圆桌会议

A 的右边是 E。如图：

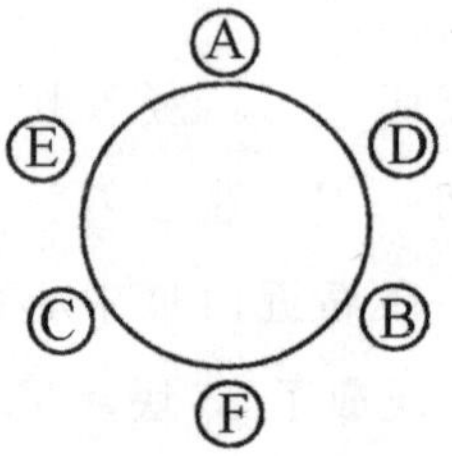

海市蜃楼

蜗牛爬格子

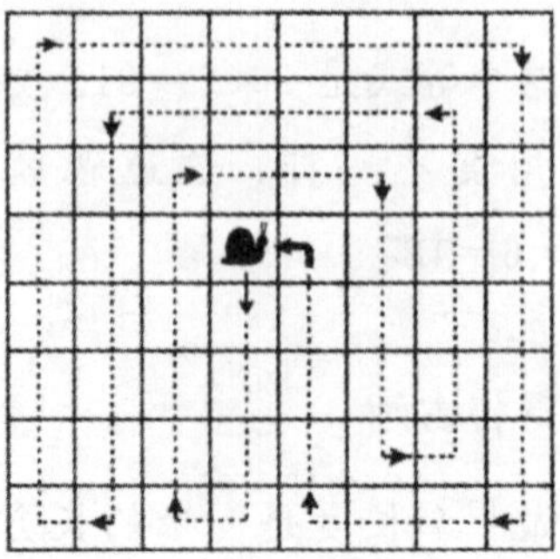

翻转杯子

前两种翻转杯子都是不能成功的。

第三个题最少需要四次，如果把这 8 个杯子标号为 1 至 8，翻转的步骤为：第一次翻转 1，2，3；第二次翻转 3，4，5；第三次翻转 5，6，7；第四次翻转 3，5，8。

树叶的形状

你可以往后走一段距离，这样原来头顶的树叶就呈现在你眼前了，你就可以看见它的形状了。

火柴光的映象

可以。吸烟的人能看到经过 2 面镜墙反射出来的火柴光。

凸面镜中的样子

男孩看到的自己是右边凸起。

水果荟萃

B。B是5个，A是3个，C是3个，D是2个，E是4个。

移动小旗

移动2支小旗。

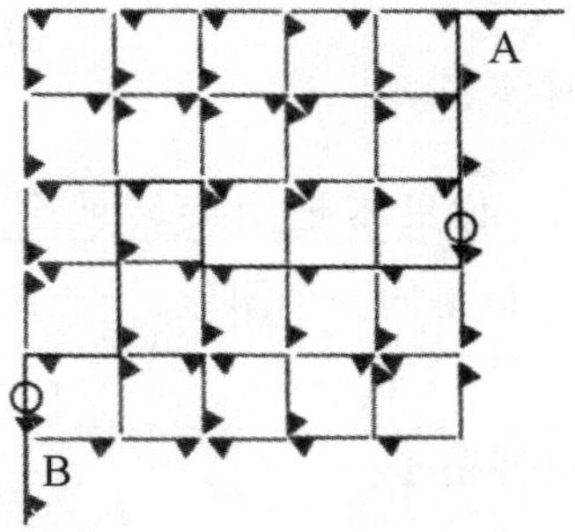

一线牵

C。本题是测测你的空间思维能力游戏。

移火柴变成语

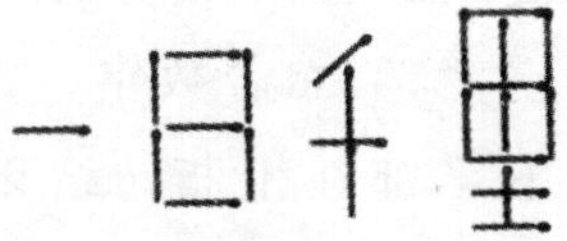

变出十字架

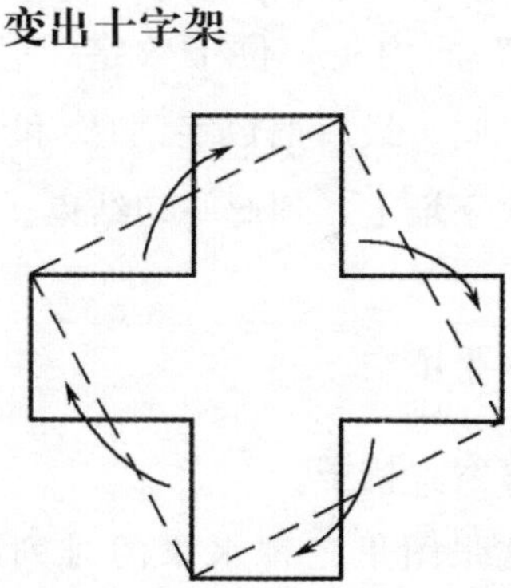

移动杯子

将第2只杯子里的水倒入第7只杯子，将第4只杯子里的水倒入第9只杯子里，这样就可以使其相同了。其实题目考的是一种思维方式，解答的时候不要拘泥于题目本身，要开拓思路。

悬在半空

用梯子把绳子的一头系在顶梁上，然后把梯子移到了门外。回来时带进一块巨大的冰块，这冰块是事先放在冷藏库里的。他立在冰块上，用绳子把自己系好，然后等时间。第二天当侍者发现他的时候，冰块已完全都融化了，管理员就此被吊在半空中。

六角星耳环

将六角星的上下两个角剪下来，一分为二，拼到左右两个缺口上。

十字图案

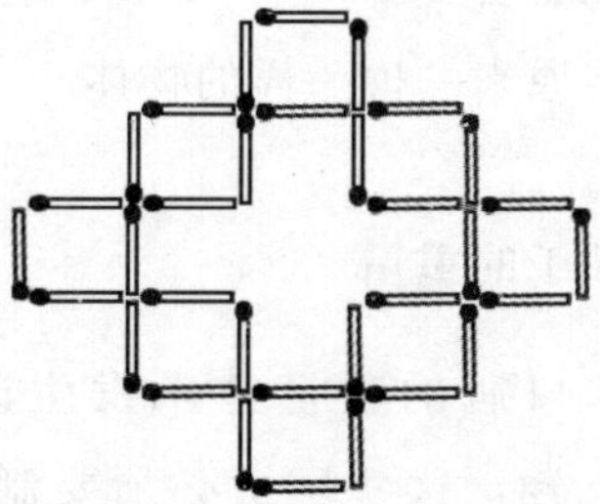

满杯空杯互换

最少只要挪动一次。把左边第二个玻璃杯的水，倒入右边第二个空玻璃杯即可。

绑架自救

很容易就能使他们分开。丈夫用双手抓住他的绳子，使他的绳子在他妻子另一侧形成一个松弛的绳圈。然后他把绳圈塞进妻子手腕上的套索中，可以发现，要使绳子圈不扭曲，只能穿过一只手腕。然后他把绳圈绕过妻子的手指。当他把绳圈绕过同伴的手并从套索中拉出后，他们就自由了。

我行我秀

立方体有 3 根旋转对称的四重对称轴、4 根三重对称轴和 6 根二重对称轴。一般而言，有一个给定重数的多重旋转对称轴意味着，如果你旋转该物体的角度与旋转一整圈之比等于给定重数的倒数（比如，三重轴就转 1/3 圈），那么你将获得一个与原来一模一样的物体。

瓶子的重量

广口瓶的重量并未发生改变。为了飞翔，这些昆虫必须要制造出与它们体重所产生的力相等的向下气流。因此，无论是在瓶中站立又或是处于飞翔状态，这些昆虫所制造的向下的力都是相同的。

动物的影子

①牛。②兔子。③骆驼。

时装表演

A。你只需把图旋转就会发现B、C、D是同一个图形。

打开链子

只需要打开最下面的链条，上面的链条并没有连接在一起。

折纸游戏

转动纸张，空白面朝上，数字“2”在左上角。然后把右边向左折，这样数字“5”靠着数字“2”。现在，将下半部往上折，结果数字“4”靠着数字“5”。接下来将“4”和“5”向内折，位于数字“6”和“3”之间。最后把数字“1”和“2”折到数字堆上，到此一切结束。

水果填空

答案：桃子。

这张图里三种水果的排列，从

里到外形成一个旋涡状，排列的顺序依次是苹果、桃子、草莓。如果你能看出这一点，答案也就很简单了。

镜子里的游戏

18 和 81，29 和 92。

菱形变立体

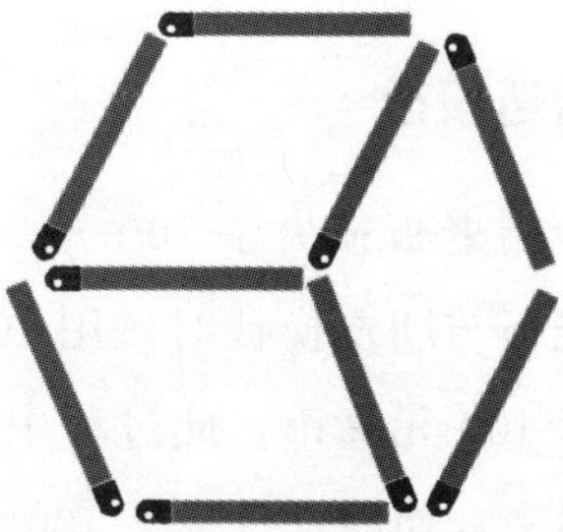

还原立方体

答案：A。

对不上账

本题是一道数学论辩题，其实与付账是吻合的。3 个人开始拿出 300 元钱，后退回 30 元钱，其结果是 3 人负担 270 元钱。

谁都没说错

主席台上一共站了 13 人，女员工有 4 人，甲是男的，乙是女的，他们都没算自己。

平房变楼房

只需要将原图转动 90°再看即可，如下图。

拆开的锥体

答案：B

音乐转灯

给那么多的条件只是为了迷惑你，请你仔细想一下，在一分钟后，它们各自刚好转了整数圈，肯定又会恰好对齐。

齿轮转动

AB 上升；CD 下降。

平分鸭梨

鸭梨是这样分的：先把 3 个鸭梨各切成两半，把这 6 个半块分给每人 1 块。另两个鸭梨每个切成 3 等块，这 6 个 1/3 也分给每人 1 块。于是，每个人都得到了一个半块和一个 1/3 块，也就是说，6 个人都平均分配到了鸭梨，而且每个鸭梨都没有切成多于 3 块。

分蛋糕

先从蛋糕的上面以“十”字形切两刀，把蛋糕平均分成 4 块，然后再从蛋糕的腰部横切，这样就把蛋糕分成相等的 8 份了。

开环接金链

只要打开 3 个环就够了。随便你打开哪 3 个环，只需要将那 3 个环把其他的金链首尾相接就行了。

生日宴会

你属于乙家庭。

甲家庭的年龄组合为：8、10、11、12；乙家庭的年龄组合为：5、13、2、3；丙家庭的年龄组合为：1、4、7、9。

超车之谜

小汽车已经沿湖跑了一圈，又快追上慢腾腾的小货车了，所以在小货车的后面。

镜子里的怪现象

判断左右是以人的视觉习惯而言的。实际上，视觉分辨左右和分辨上下所用的是不同的概念。镜子不仅变换了水平方向上的“左右”，其实，也变换了垂直方向上的“左右”。假设向上的方向为右，向下的方向为左，那么你会发现，原本在腹部“右边”的头，在镜子中则变成了在腹部的“左边”。

遭遇假币

商店老板损失了 100 元。

老板与朋友换钱时，用 100 元假币换了 100 元真币，此过程中，老板没有损失，而朋友亏损了 100 元。

老板与持假钞者在交易时 100＝75＋25 元的货物，其中 100 元为兑换后的真币，所以这个过程中老板没有损失。

朋友发现兑换的为假币后找老板退回时，用自己手中的 100 元假币换回了 100 元真币，这个过程老板亏损了 100 元。

所以，整个过程中，商店老板损失了100元。

小顽童的鬼把戏

蜡烛燃烧尽后，质量减少，杠杆将向左边倾斜，所以足球滚向左边。

吵架的邻居

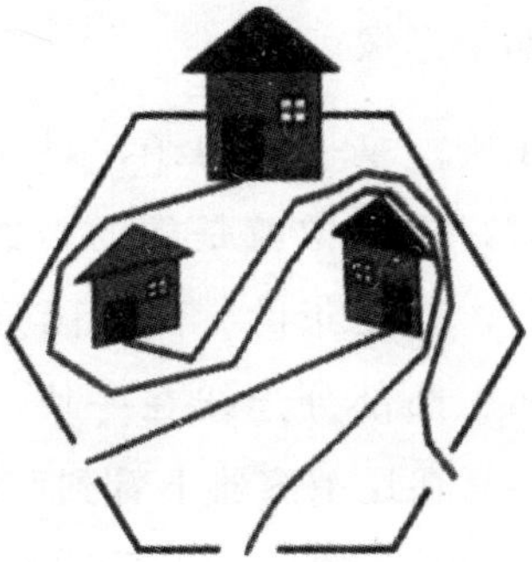

搭积木

切6刀。

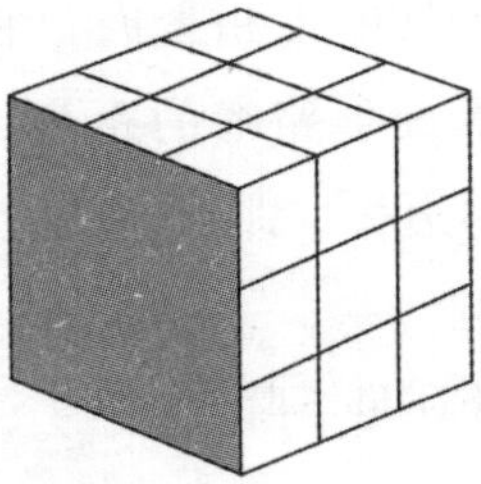

鬼迷路

实际上，这些人走了一个圆。人走路时，两脚之间有一定的距离，大约是0.1米，每一步的步长大约是0.7米，由于每个人两脚的力量不可能完全一致，因此迈出的步长也就不一样，若在白天要沿直线行走，我们会下意识地调整步长，保证两脚所走过的路程一样长。当在夜间行走辨不清方向时，就无意识调整步长，走出若干步后两脚所走路程的步长就有一定差距，自然就不是沿直线行走，而是在转圈，这就是“鬼迷路”现象。

寻找咖啡杯

2号咖啡杯。1、3、4咖啡杯的俯视图如下图所示。

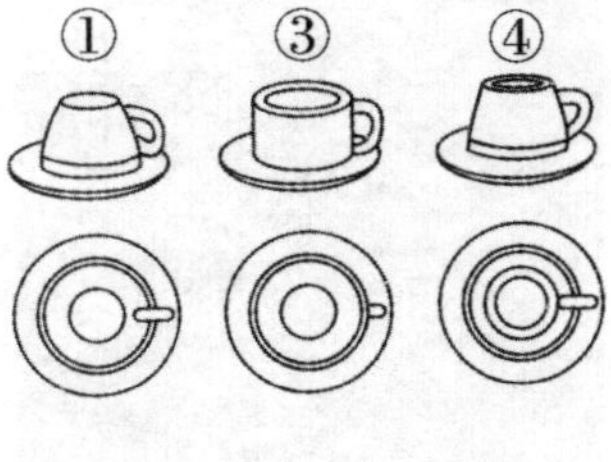

改变楼高

0根。如图所示，将它变个方向就是两层楼高的房子了。

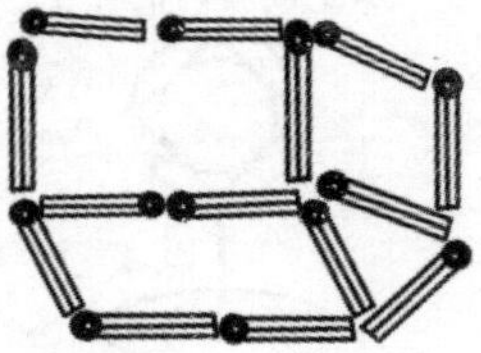

巧妙的方法

将纸在圆洞处对折，向左右两方牵拉，使圆洞变成椭圆形状。此时，纪念币就很容易地竖着穿过去了。

钥匙和房间

把三个房间命名为甲、乙、丙，三兄弟分别拿一个房间的钥匙，再把剩下的钥匙这样安排：甲房内挂乙房的钥匙，乙房内挂丙房的钥匙，丙房内挂甲房的钥匙。这样，无论谁先到家，都能凭着自己掌握的一把钥匙进入三个房间。

巡逻的保安

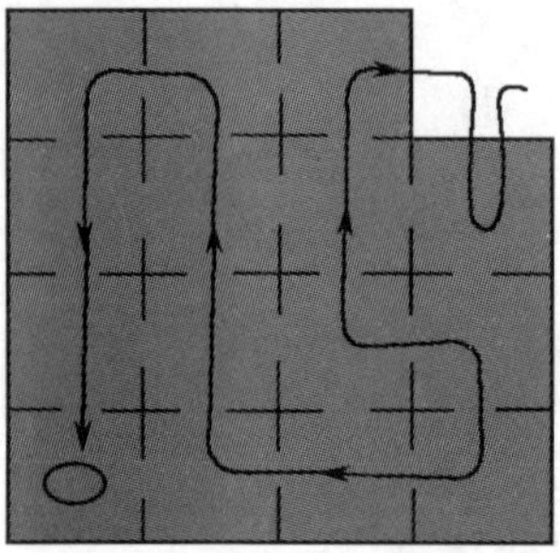

想象全貌

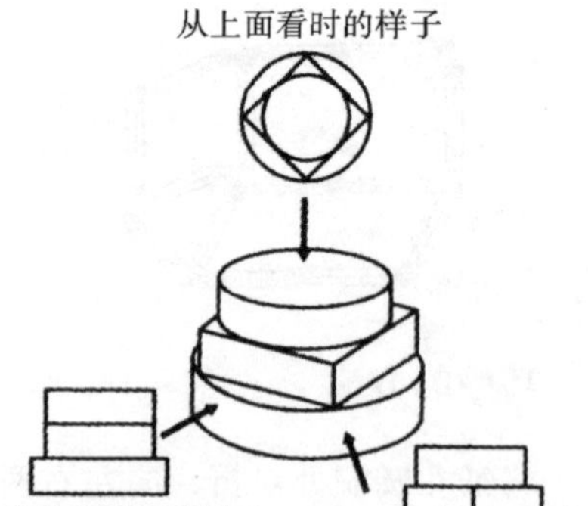

如何分生日蛋糕

可以按“太极图”的画法完成爸爸提出的问题。

两个影像

正确。拿一把勺子，当你用凹面照时，成的像就是倒的；如果用凸面照，就是正的。而该图形恰好是由凹、凸部分连线在一块，所以你很容易在这个容器上看到两个像，并且一个是正的，一个是倒的。

四只甲虫

当四只甲虫相聚时，它们各自爬过的螺旋形路线的距离，等于原正方形的边长，即10厘米。

上升还是下降

（1）下降。（2）会上升。

莫比斯环

1个大环和1个小环套在一起。

哪一粒不可能

答案：E。

拆开立方体

答案：B

立方体

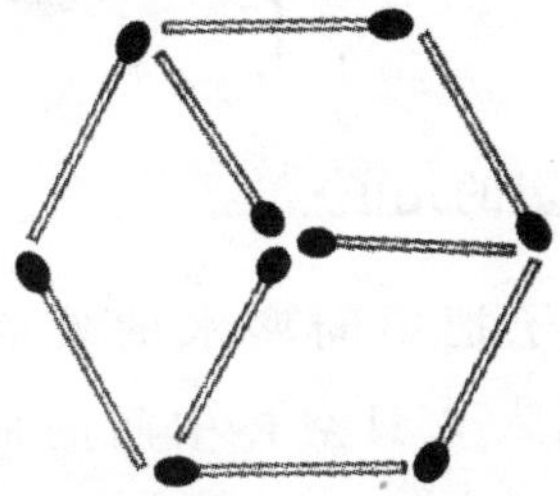

泳道长度

似乎是勾股定理的解法，但发现 80 米实在是一个无用的数字。不妨将视野放在泳道的长度，看其是否能够同圆形场地联系起来。

经观察，如果颠倒泳道的位置，泳道不仅仍然与长方形游泳馆有联系，而且还与圆形场地发生了联系。如图：

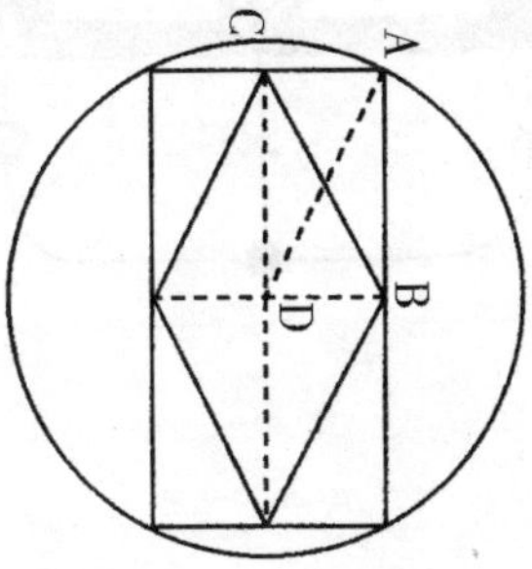

这样，泳道的长度 BC 相等于从菱形中点（即圆心）至圆形场地边 AD 的距离（长方形对角线相等），亦即等于圆形场地的半径，即 50 米。

什么样的物体

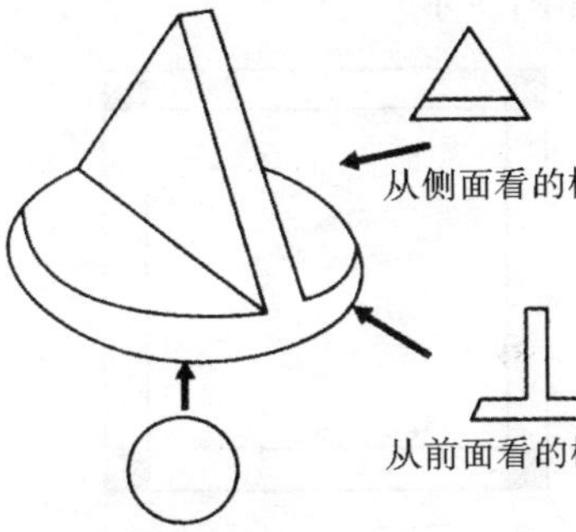

三棱锥的表面图案

A。以中间有小三角形的三角形为底面，把纸片折成正三棱锥。

相对的一面

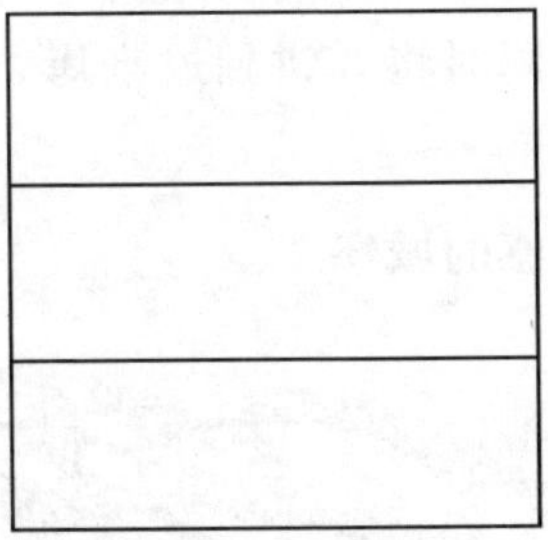

立方体的表面图案

答案：A。

黑球落在何处

答案：A。

球会滚过去又滚回来停留在 A 处。

纸环想象

答案：剪开后是一个正方框，形状如图所示。

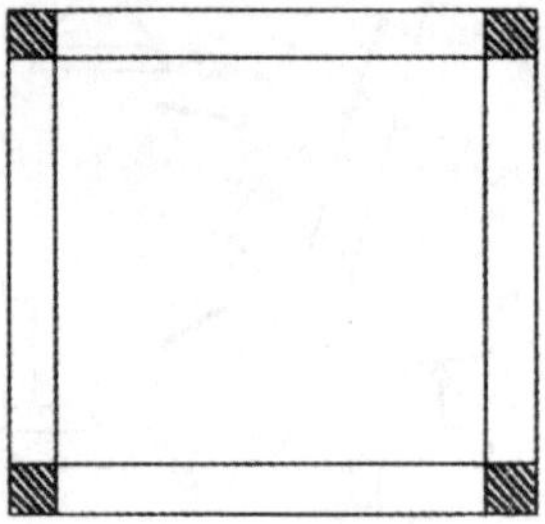

快速烤饼

可以。由于饼需要烤两面。假设 3 张饼分别为 1、2、3，烤饼的具体步骤为：先将 1 和 2 两张饼各烤 1 分钟，然后把 1 饼翻过来，取下 2 饼，换成 3 饼；1 分钟后，取下 1 饼，将 2 饼没有烤过的一面贴在烤锅上，同时将 3 饼翻过来烤。

迷惑的城堡

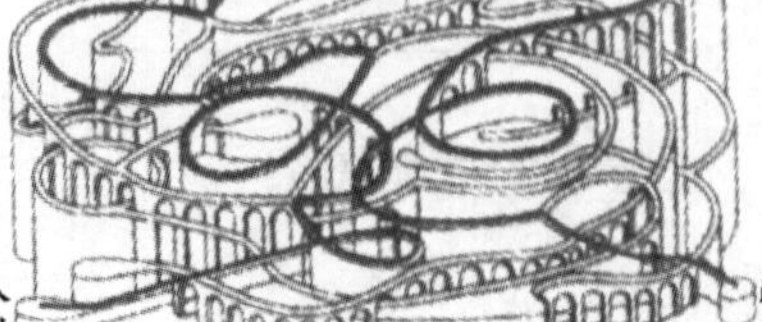

怎么栽树

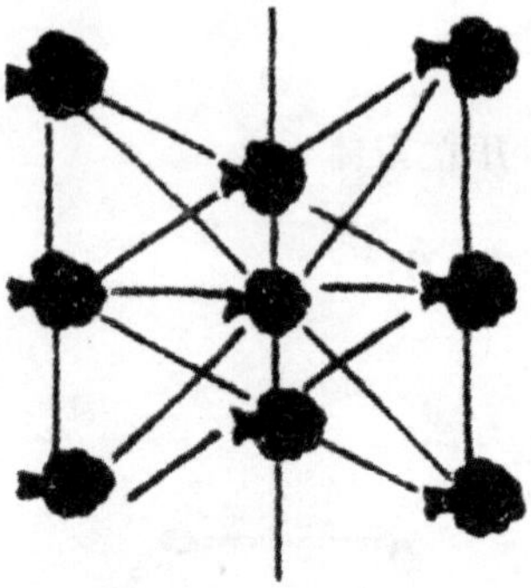

机灵的儿子

儿子把中间盛水的玻璃杯里的水倒入 3 只空杯中间的那只玻璃杯里，然后把空杯放回原处就行了。

灯泡开关

拆掉故障的开关（图中做记号），将两端的电线连起来。关的时候，只要把灯座上的电灯泡转松就可以了。

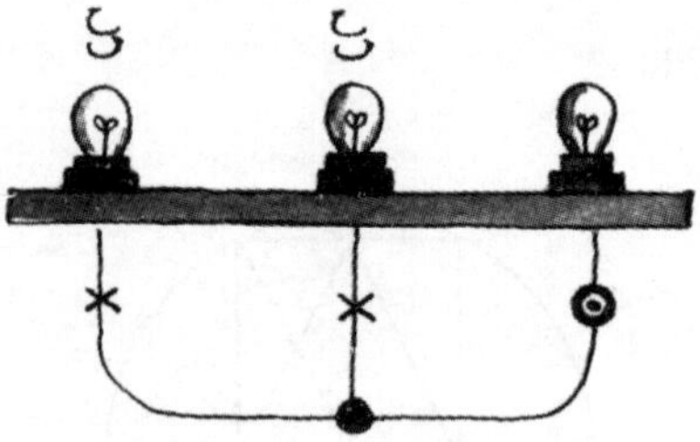

第六部分

假设想象类游戏

英国著名进化论者赫胥黎说："一切科学都始于假说。"确实，人类许多发明创造来源于科学的假设，如天文学中的哥白尼太阳中心说；地质学中的大陆漂移说；医学中的克山病因假说；数学中的"哥德巴赫猜想"等等。

由假设推测法得出的观念可能大多是不切实际的、荒谬的、不可行的，这并不重要，重要的是有些观念在经过转换后，可以成为合理的有用的思想。

经常向自己提出一系列的"假如……"，并努力去回答它们，就能够激发你的想象，提高你的想象力。假设的答案越多越好，这样可以帮助你想象得更加全面。例如："假如我是秦始皇……"你可以想象自己当了秦始皇后的生活情形，也可以想象当了秦始皇后在治理国家时采取什么政策，还可以想象怎样避免秦国的灭亡等等。只要你觉得是跟秦始皇有关的内容都可以进行想象。

进行假设想象时，假设的问题可以自己设计，设计得越奇特越好，这可以激发你的创新想象力。你还可以邀请你的同学和朋友一起来讨论问题的答案，答案也是越奇特越好。

本部分为你假设了多种千奇百怪的情景，让你在游戏中任由自己的思维天马行空。任何一个人的想象和幻想，都反映自己的理想、向往和追求。也许某个假设就是你梦想成真的契机。

炮弹与砖头

假如在一个没有大气的星球上，从悬崖上掉下一块砖头，在同一时间内从坦克的炮膛朝与地平线平行的方向呈抛物线射出一颗炮弹，结果是：

A. 两样东西同时着地。

B. 砖头先着地。

C. 炮弹先着地。

参观比萨斜塔

假如有一天你去意大利参观著名的比萨斜塔，你却看到此塔一点也不倾斜，笔直而立。斜塔并没有经过扶正修复，你看的也不是赝品。那么究竟是怎么回事呢？

疯狂的艺术家

有一位疯狂的艺术家为了寻找灵感，把一张厚为 0.1 毫米的很大的纸对半撕开，重叠起来，然后再撕成两半叠起来。假设他如此重复这一过程 25 次，这叠纸会有多厚？

A. 像山一样高

B. 像一个人一样高

C. 像一栋房子一样高

D. 像一本书那么厚

少女历险记

有一个少女在游玩的时候遇到了歹徒，她在情急之中跳到了湖上的一只小船上。这是一个半径为 R 的圆形小湖，那个歹徒站在岸上等这个少女上岸。

等少女静下心来，她发现情况对自己很不利。她是一名长跑运动员，如果真的在岸上，那个歹徒是追不上她的，但是现在她在水中，划船的速度只是歹徒在岸上的速度的 1/4。歹徒可以沿着圆形的岸边奔跑，最终抓住要划船上岸的少女。

那么，这名少女能否设法将船划到岸边，然后在歹徒没有赶到的情况下登岸逃走呢？

假如罗浮宫失火

一份美国报纸曾经刊登过一则启事以征求最佳答案——假如罗浮宫不幸失火了，你只能救出一幅画，那么，你将抢救其中的哪一幅？

难倒智多星

智多星对众人说："如果谁能提出一个难倒我的问题，我就服从谁。"你能提出一个难倒他的问题吗？

充满瓶子

假如有一种细菌，经过 1 分钟，分裂成 2 个；再过 1 分钟，又发生分裂，变成 4 个。这样，把一个细菌放在瓶子里到充满为止，用了 1 个小时。如果一开始时，将 2 个这种细菌放入瓶子里，那么，到充满瓶子需要多长时间？

踩石头过河

假如你要到丛林里执行任务。当你路过一条河时，你必须小心翼翼地跨过这些石头才能到达河对面，如踩错了石头你就会跌进河里，要知道河里到处都是鳄鱼。

从 A 开始，每排里只能踩一个石头，你会选择踩哪些石头呢？

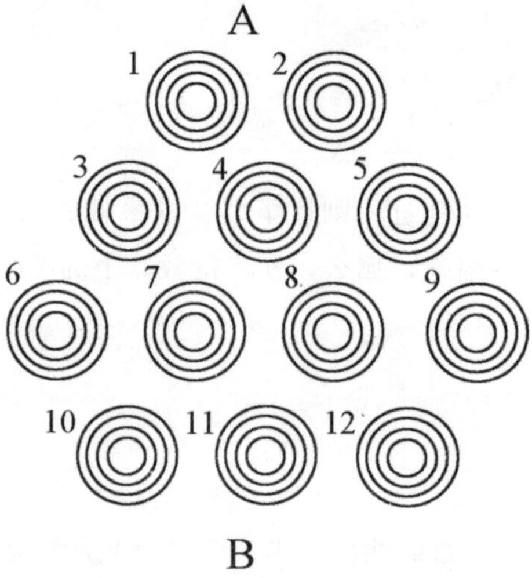

小精灵的提问

一个小女孩是个小精灵，妈妈笑着称她为“可爱的小狐狸”。这不，她问妈妈：倘若在一个房子的四周布满镜子，然后当你走进去时，再把门关紧，你觉得自己会看到一片怎样的景象？

牺牲哪一位

英国一家著名的报纸举办智力竞赛，为下面的难题征求答案：三个名人都对人类立过不朽之功，其中一个在医学上有过重大贡献，一个是著名的化学家，一个是举世瞩目的核物理学家。有一天，三人搭乘同一个气球。突然，气球遇到风暴，要把其中一人推下去，才能确保另外两人的安全。这三人中，究竟应该牺牲哪一位？

识别真假

春天来临，窗前的花丛引来了许多勤劳的园丁——小蜜蜂。这时，妹妹拿出两朵看起来一模一样的花，让姐姐猜哪一朵是真花，哪一朵是假花。妹妹还要求姐姐只能远远地看，不能用手去摸，更不能去闻。

倘若你是姐姐，你该怎么办？

太阳看不到的东西

太阳对白云说："地球上的东西，我几乎都能看透，除了白天屋外的一个东西。这种东西视力正常的人都看过，唯独我看不到。"

白云说："这东西是你自己吗？"

太阳说："我不是地球上的，当然不是我了。"白云怎么也想不到太阳不能看到的东西是什么。聪明的读者，你知道吗？

皇妃与侍女

一个皇帝有 20 个皇妃，20 个皇妃相互的关系并不融洽，而且她们每人都有一个坏侍女。虽然每一个皇妃都知道其他皇妃的侍女是坏人，但由于她们之间关系不融洽，因此她们都不知道自己的侍女是否是坏人。

皇上知道此事后，把 20 个皇妃召集在一起说："在跟随你们的侍女中，至少有一个坏人。作为主人，如果知道了自己的侍女是坏人就必须立刻杀了她；如果知道了又不杀的话，那自己的脑袋就保不住了。我给你们 20 天的时间进行选择。"

为此，皇上办了一张早报，如果哪位侍女被杀了，就会刊登在早报上，可 19 天都平静地过去了，在第 20 天早晨，仍然没有哪一位皇妃杀自己侍女的消息。请问：接下去的情况将会怎么样呢？

机器猫的问题

机器猫说："在一个星球上，当你扔出一块石头后，它只在空中飞了一小段距离后会停顿在半空中，再向你的方向飞回来，当然它绝不是碰到了什么东西被弹回来。"

你知道机器猫说的是哪个星球吗？

脸的朝向

倘若甲、乙两个人，一个人脸朝东，一个人脸朝西地站着，不准走动，不准照镜子，他们俩怎样才能看到对方的脸？

无法跨过的铅笔

放一支铅笔在地上，假使要让任何人都无法跨过，怎么做？

镜 子

想象你在镜子前。请问，为什么镜子中的影像可以左右颠倒，却不能上下颠倒？

巧分七连环

如图所示 7 个圆环相连，如果在周一到周日的 7 天中，每天取走的圆环的数量与当天的星期数相符（如星期三取走 3 个），则这个连接的圆环至少要被分割几次？

三盏电灯

房间里有三盏电灯，开关都在隔壁房间里，如果每个开关只能控制一盏灯，你能不能只各进入这两个房间一次，就知道哪个开关控制哪盏灯？

维生素缺乏症

假定某贫困地区有 30％的人患有维生素 A 缺乏症，30％的人患有维生素 B 缺乏症，30％的人患有维生素 C 缺乏症。有人断言，该地区只有 10％的人没有患这三种维生素缺乏症。这种说法对吗？

非常任务

如果给你提供一个盆、少量水、一个烧杯、一个软木塞、一枚大头针和一根火柴。你的任务是使所有的水都进入烧杯内，但是不能把盛水的盆端起来或者使之倾斜，也不能借助所提供物品外的其他物品使水进入烧杯。

请你想一想：怎样才能完成这个任务呢？

沙漠探险

有一位探险家，用 6 天时间徒步横穿沙漠。如果一个人只能搬运一人 4 天所需的粮食和水，那么这个探险家需要雇用几个搬运工？

闹钟没有错

爸爸喜欢收藏一些稀奇古怪的东西。有一次，儿子进爸爸的书房，看见桌子上的时钟显示 12 点 11 分。20 分钟后，他又到爸爸的书房去，却看到那个时钟现在显示的是 11 点 51 分。他觉得很奇怪，在 40 分钟后又去看了一次钟，发现时钟显示的是 12 点 51 分。这段时间并没有人去碰过时钟。

为什么爸爸会用这样的一个时钟看时间呢？

死里逃生

有位国王定出一条法律：凡是罪犯处死前，叫犯人在木箱里抓阄，一个写着“生”，一个写着“死”。如摸到写“生”字的纸卷，当众就释放；如摸到写“死”字纸卷，就立刻杀头。有位正直的大臣遭到得宠宰相的诬告陷害而被强加了罪名。宰相为了使大臣在抓阄时没有生的希望，他用重金收买了掌管木箱的法官，法官同意两张都写死字。一个有正义感的仆人把这事告诉了狱中的大臣，大臣很感激他。抓阄的时间到了，法官把木箱放在国王面前，大臣泰然地走到木箱前，伸手摸了一张。可是结果呢，大臣并没有死，国王依据法律把他放了。

如果换做你，你能想出用什么办法免除一死呢？

决斗的阴谋

假定你卷入了一场阴谋，你成为一场决斗的中间人，其中一方是你的同伙，决斗人A、B首先将自己的杯子放好，然后中间人把装着毒药的杯子放在C或D的位置上。放好之后，依次把毒药倒入相邻的杯子内，等倒到第55次时，毒药在A的杯中就由A喝，在B的杯中就由B喝。

假如你是中间人，并想帮助A取胜，那么该把装毒药的杯子放在C的位置上还是D的位置上呢？

吝啬鬼加灯油

《儒林外史》里的严监生是个妇孺皆知的吝啬鬼。有一次，他家里油灯里的油快用完了，灯芯也短了，眼看就要灭了，妻子要加些油，但他就是不准加。

你能帮这个吝啬鬼想个办法，让油灯再亮一会儿吗？

聪明的王子

一位王子向聪明绝顶的公主求婚。公主为了考验王子的智慧，就让仆人端来两个碗，其中一碗装10枚金币，另一个则是10枚同样大小的银币。仆人把王子的眼睛蒙上，并将两个碗的位置随意调换，请王子选一个碗，并从中挑选出1枚硬币。假如选中的是金币，公主就嫁给他；但若是银币，则王子就再也没有机会娶到公主。此时，王子提出一项要求："能不能在蒙上眼睛之前，任意调换碗里的硬币组合呢?"公主微笑点头同意。

现在假定你就是这位王子，你能想到什么妙招能提高拿到金币的机会，以顺利娶到公主呢?

沙漠中卖水

有一个很有头脑的水商，用大皮囊装了25升水到沙漠里去卖。在沙漠中，水是十分珍贵的，因此他的生意十分红火。一个人要买19升水，还有一个人要买12升水。卖水的商人现有的水量不够卖给两个人，只能卖给某一方，而且他也希望在这酷热的沙漠中，尽快结束买卖。

假设水商从皮囊中倒出1升水需要10秒钟，那么他卖给哪个人比较划算呢?

自圆其说

从前，有一个残暴的国王，无论做什么都恣意妄为。一天，他突然很想了解老百姓对于他的统治有什么看法，于是就换上一身老百姓的衣服出城私访。

他刚进入某个小村庄，迎面走来了一个小伙子。国王装出外地人的口音请他谈谈对国王的看法，小伙子见四周没有人，就小声地说："国王就是个暴君!"

国王勃然大怒，他告诉小伙子自己就是国王，并说自己一定要严厉地惩罚他。小伙子吓得魂飞魄散，不过他很快就想到了一个自圆其说的办法。

等他陈述完理由，国王不但没有治他的罪，反而给他许多奖赏。

假如你就是这位小伙子，你会对国王怎么说呢?

守财奴

阿拉贡这个守财奴情愿被活活饿死，也不肯花钱。他收藏着一批 5 元、10 元、20 元的金币。他把它们藏在五个一模一样的袋子里，每只袋子里所放的 5 元金币、10 元金币和 20 元金币的数目都相等。

阿拉贡平日里最喜欢私下一个个地数自己的财产。他将所有的金币倒在桌上，把它们分成四堆，使同种面额的金币在各堆中数目完全相等。随后，他随意选出两堆，把这两堆金币混合起来，然后重新分成一模一样的三堆，其要求同前面所述的一样。

聪明的读者，假如你是阿拉贡的管家，你知道这个可怜的老头拥有多少金币吗？

惨案发生的时间

夜里，甲听到一声惨烈的尖叫声，早上起床后发现邻居死在了家中。警察接到报案后，向街坊四邻了解案件发生的确切时间。

甲说是 12：08，乙说是 11：40，对面杂货店的老板丙说他清楚地记得是 12：15，丁说是 11：53。这四个人的表都走得不准：有一只表慢 25 分钟，有一只表快 10 分钟，有一只表快 3 分钟，还有一只表慢 12 分钟。

现在，假定你是调查此案的警察，你能确定案发时间吗？

参考答案

炮弹与砖头

A。因为地心引力的关系，两者落地的速度是一样的，它们会同时着地，虽然两者着地点会有一定间隔。

参观比萨斜塔

站在与倾斜方向相对的地方看，就会出现这种现象。

疯狂的艺术家

A。这叠纸的厚度将达到3355.4432米，有一座山那么高。

少女历险记

可以。但是正常的想法是不行的。如果少女将船划向歹徒所在岸的对称点，那么她要行进的距离为R，歹徒要行进的距离为3.14R，因为少女的速度是歹徒的1/4，所以她在划到岸边之前歹徒就能赶到，这种方法行不通。

正确的方法是：少女把船划到略小于1/4倍的圆半径的地方，比如说0.24R，然后以圆湖的中心为圆心，作顺时针划行，在这种情况下，少女的角速度大于在岸上的歹徒能达到的最大角速度，当她划下去，就可以在一个时刻，处于相距歹徒最远的地方，这时她和歹徒在一条直径上，并且在圆心的两边。

然后少女把船划向岸边，少女离岸边的距离为0.76R，而歹徒要走的距离为3.14R，由于4×0.76R＞3.14R，所以少女可以在歹徒赶到那边之前上岸，并用最快的速度逃脱。

假如罗浮宫失火

最后评出的最优答案是：挂在离窗口最近的那幅。

难倒智多星

你可以对智多星说："为了使你服从我，我应提什么问题才能难倒你？"这时智多星就落进了你设的陷阱。他如果能告诉你一个可以难倒他的问题，你就可以用这个问题去难倒他；如果他不能告诉一个可以难倒你的问题，那么这就已经难倒了他。

充满瓶子

59 分钟。

踩石头过河

踩踏石头的顺序是 2、5、6 和 12，环在这些石头上的图案呈现出逐渐向中间靠拢的趋势。

小精灵的提问

也许你会想，你能看到无数个自己，其实你什么也看不见。因为没有光线能射进房间里面，到处一团漆黑，即使你有火眼金睛也不行。

牺牲哪一位

该报收到了成千上万的应征信，他们都用长篇大论来说明那三个人的丰功伟绩，但评判员都不满意。最后得到头奖的却是一个 12 岁的小孩。你猜，这个 12 岁的小孩认为三人中应该牺牲哪一位？把三个人中体重最重的那个人推下去，以解决问题的主要矛盾。

识别真假

打开窗户，让蜜蜂飞到房间里来。蜜蜂只采真花。

太阳看不到的东西

阳光所造成的阴影。

皇妃与侍女

这 20 位皇妃都立刻杀了自己的侍女。

假设皇妃只有 A、B 两个人，A 皇妃肯定会想：B 肯定知道我的侍女是好是坏，如果我的侍女是好人，她肯定会杀了她的侍女，结果就会刊登在第二天的早报上。如果早报没有刊登这条消息，那么我就在第二天杀了我的侍女。……依此类推。到第 20 天，早报上仍没有刊登消息，那么所有的皇妃就都杀了自己的侍女。

机器猫的问题

地球。在地球上你随便往上空扔一个小石头，它都会弹回来的。

脸的朝向

面对面站着。

无法跨过的铅笔

放在墙边。

回答这个问题的时候，人们的思维很容易被“打劫”，一下子大脑空白，没了主意。跨过一支铅笔，这是连两岁的孩子都能做到的事情。那么我们就要选择灵活的思维方式来设置一个真正无法让人跨过的障碍。

镜　子

因为照镜子的时候，镜子的摆放是纵向的，而且镜子是对称面，所以在纵向上不会颠倒，只在横向上有颠倒。试想，若镜子平铺在地板上，人站在上面的话，镜中的人就是大头朝下而左右正常了。

巧分七连环

至少要被分割两次。

从第二个环与第三个环中间截断，从第三个环与第四个环之间截断。这样就形成了2个环在一起、1个环、4个环在一起的三段。第一天可以拿1个环；第二天把1个环拿回来，拿2个环在一起的那一段；第三天，除第二天拿的2个环外再拿1个环；第四天，将3个环都拿回来，拿4个环连在一起的那一段；第五天，除4个环连在一起的那一段外，再拿1个环；第六天，拿回1个环，拿走2个环连在一起的那一段；第七天，全部拿走。

三盏电灯

能。首先打开第一个开关，让另外屋子里的一个灯亮一段时间，然后把它关掉。马上打开第二个开关，并迅速跑到有灯的房间，用手去摸没有亮的灯泡。没有亮却发热的灯泡是由第一个开关控制的，亮着的灯是由第二个开关控制的，剩下的那盏灯是由第三个开关控制的。

维生素缺乏症

这种说法不对。错误的根源在于“叠加分类”。因为可能该地区中30%的人同时患有这三种维生素缺乏症，而其余70%的人根本没有患任何维生素缺乏症。

非常任务

大头针穿过火柴并把火柴固定在软木塞上，然后把火柴、软木塞、大头针一起放到水里，把火柴点燃，并把烧杯倒扣在软木塞、大头针和火柴的组合之上。火柴燃烧把烧杯内的氧气耗光之后，水就会进入烧杯。

沙漠探险

需要两个，方法是这样的：

三人一同出发，第一天取用其

中一人的给养，即一人三天的给养。第一天结束时，这个人正好剩下一天的给养，他可以用这天的给养返回。

第二天，两人出发，取用第二名搬运工的给养，这天结束时这人还剩两天的给养，可以保证他返回。

第三天至第六天，探险家靠自己携带的四天的给养穿过沙漠。

闹钟没有错

这是一个在镜子里看数字的时钟。这样一来就会出现这样的情况：12点11分是11点51分、11点51分是12点11分、12点51分正好也是12点51分。其他时间钟表的数字是反过来的，从镜子里看一定马上会察觉出来。儿子碰巧看到了不用镜子也看得出来的时间。

死里逃生

可以从箱中摸出一个纸卷，打开看一下，就扔进嘴里吃下去。吃完说："陛下，我摸到的是'生'字纸卷，不信你看箱里剩下的是'死'字纸卷。"一验证，果然如此。

决斗的阴谋

放在D的位置。决定胜负在于第55次，即奇数次。在3个杯子中，不论C、D哪处放毒药杯，轮到奇数次的只有中间的杯子。所以，为了帮助A取胜，就要使B的杯子处于3个杯子的中间位置。

吝啬鬼加灯油

往灯盏里面加水，油浮于水面可以够着灯芯，灯会继续亮一段时间。

聪明的王子

可以在装有金币的碗里留1枚金币，将其余9枚金币倒入另一个碗中，如此就有10枚银币和9枚金币。若他选中只放1枚金币的碗，其概率是100%；如果选中放19枚钱币的碗，摸到金币的概率最大为9/19。王子选中两碗的概率都是1/2。所以，根据前面得出的两种结论，选中金币的概率是100%×1/2+9/19×1/2=14/19，远大于原来未调换前的1/2。

沙漠中卖水

卖给要买19升水的人。只要从中倒出6升水留给自己，剩下的就是19升了。

自圆其说

此题有多种答案。下面是其中

一种：小伙子反问国王："那您认识我吗?"国王回答："不认识"。于是小伙子又接着说："我就是这个村庄的巫师。村子里有规定，要求我每个月说 29 天的真话和 1 天的假话，而今天刚好是我必须说假话的日子，所以您千万别相信我刚才说的话啊!"

守财奴

由于阿拉贡能够把不同类型的金币平分成四、五、六份，所以每种类型的金币他至少都有 60 枚，总值为 2100 美元。

惨案发生的时间

案发时间是 12：05。只需从最快的手表（12：15）中减去最快的时间（10 分钟）或者将最慢的手表（11：40）加上最慢的时间（25 分钟）就可以得出相同的答案。

第七部分

其他想象类游戏

想象的类别，除了上面提到的外，还有原型想象、再造想象、创造想象、幻想等多种。

所谓原型想象，我们可以这样来理解，比如你要写“未来的——”，首先应该清楚“现实的——”是什么样，“现实的”就是能够启发学生展开创造想象的原型。

至于再造想象，我们没有到过月球，用肉眼也看不清月球的表面状况，但根据登上过月球的人报道，根据地球上我们所熟悉的事物，我们头脑中也会产生月球表面的大致形象。这种根据词的表述或图样、图解的描绘在人脑中产生某种事物的形象的过程叫再造想象。

生活中或学习中也常常遇到这样的现象：我们在读一部作品的过程中，有时合上书动脑子想想，却能想出下面所要表述的场面或情节。这就是创造性想象了。创造想象是人们按照一定目的、任务，在头脑中创造出某一事物的独特新形象的过程。

幻想是创造想象的一种特殊形式，是人们对未来事物的想象。根据与现实的关系及实现的可能性的大小，幻想又可分为空想和理想。空想是脱离现实基础，违背事物发展规律，不可能实现的幻想。理想是建立在一定的现实基础之上，符合事物发展规律的幻想，是积极的幻想，是学习和工作的巨大动力，只有在积极的幻想中才能使人看到自己还没有取得的成果，才能去克服困难，战胜困难，迎接胜利。

本部分提供了五花八门的关于想象力的训练游戏，让你的多种类型的想象力得到综合的发展和提高。

变奇为偶

9 的罗马写法是Ⅸ。请问：如何加上一笔使它变成偶数？

调皮女孩的年龄

有一个古灵精怪的女孩在别人问她的年龄的时候，她说："我后天就满 22 岁了，可是我在去年的元旦，还只有 19 岁呢。"

你说，这是可能的吗？

没有铁轨的铁路

在一次科技博览会上，铁路工程师给大家讲了这个城市的地铁的一些情况，然后他对观众说："我们这一条线路，其中有 1 千米是没有铁轨的。"观众吓了一跳，很多人骚动不安起来。有人问："那不是很危险的吗，我一直乘坐地铁，怎么没有感觉到呢？"但是工程师告诉大家："没有关系的，通车 5 年了一直很安全，大家不要担心。"

你知道这其中的原因吗？

古老的谜语

在埃及古老的墓穴中，曾发现这样一个刻在墙上的谜语：一个没有双眼的人，看到树上有李子，他摘下了李子又留下了李子。这是怎么回事呢？

荒谬的法律

古时候，有一个国家的国王为了让更多的男人能有更多的妻子，就颁布了这样一条法律：一位母亲生了她的第一个男孩后，她就立即被禁止再生小孩。这样的话，有些家庭就会有几个女孩而只有一个男孩，但是任何一个家庭都不会有一个以上的男孩，所以，用不了多久女性人口就会大大超过男性人口了。你认为这条法律可以实现他的“愿望”吗？

踢开礼物

生性巴结的连长在师长儿子生日那天准备了一份礼物送师长的儿子，为什么师长的儿子接到礼物一脚就把它踢开了呢？

天气预报

天气预报：“今天半夜 12 点会下雨。”则再过 72 小时后，会出现太阳吗？

未上保险的名画

有一个博物馆里收藏了许多世界名画，而且为了防止发生盗窃事件，博物馆还给每张画都投了巨额的保险，然而却唯独有一幅画例外——博物馆没有给它上任何保险。这幅画是由世界著名的艺术家所作，十分精美，是博物馆数一数二的热门展品。那么，博物馆为什么没有给它上保险呢？

赫尔小姐的罗曼之夜

赫尔小姐开着两用车到达阿尔巴尼去。夜幕已经降临了，这里距她要去的地方还有50公里，她想还是再核对一下旅行路线为好，于是下车走进了路旁的一家酒店。

两杯酒下肚，疲倦的身体便感到十分舒适。当赫尔小姐再抬起头时，发现一名英俊的小伙子坐在对面痴痴地看着她。

小伙子说他叫哈林顿——听起来真是一个漂亮的名字，他多少次做梦都梦见和赫尔小姐一模一样的人，今天总算遇上了。赫尔小姐听了很高兴——大概所有的女人都爱听这种罗曼蒂克的话。他们端起酒杯共饮起来。

小伙子听说赫尔小姐要到阿尔巴尼，而且路途不熟，就告诫赫尔小姐说这地方很不安全，有一个叫巴比伦的坏蛋经常在这路上拦劫。后来他自告奋勇地表示要做她的保镖，把她送到想去的地方。

他们行驶只有8千米，一辆汽车强烈的前灯光从后面射来。

哈林顿转身去看，突然大叫："是巴比伦，大胡子巴比伦，我认识他，他会杀死我们的!"

哈林顿要赫尔小姐拐进黝黑的小路里躲一下。道路很黑。赫尔小姐又不熟，但是她决定仍旧沿着这条通衢大道往前开。后面的车很快超过他们继续往前行驶了。哈林顿又吓唬说，一定是巴比伦准备在前面拦截他们。

这时赫尔小姐识破了哈林顿的诡计——他想把她带入歧途再对付自己。当赫尔小姐指出他的阴谋时，闹剧结束了。

赫尔小姐一个人驾车疾驶而去，虽然感到晦气，却不无初次成功的快意：她能够警惕漂亮脸蛋背后的狡诈了。

请问，赫尔小姐根据什么确定自己在遭暗算？

辩护律师

有一位律师，他自己有了婚变，却站在太太的立场，免费担任太太的辩护律师，并且帮助她向丈夫要求更多的赡养费，最后这位律师却没有任何损失，为什么？

穿越森林

一名探险家在前往拉丁美洲的途中，遇到一片茂密的森林，于是他鼓起勇气穿越。请问他最多能走进森林多远呢？

两岁山

在某个国家里，有一座高山，海拔为 12365 米。当地人依此数据，称它为“两岁山”。请问是什么原因呢？

喝咖啡

客人来到一家餐厅，要了一杯咖啡，当喝到一半时又兑满开水；又喝去一半时，再次兑满开水；又经过同样的两次重复过程，最终喝完了。

请计算这位客人一共喝了多少杯咖啡。

太贵的算命费

有一名男子听说一位算命先生占卜特别灵验，他就赶来拜访算命先生，想请他替自己占卜一下事业、婚姻、运气和健康状况，但他到达算命先生家后才知道，算命先生每回答一个问题需要收费用 10 元。

但偏偏他身上只带了 23 元，所以他就问："不管我的问题有多长，也算是一个问题吗?"算命先生说："当然。"他想了想又问："不管我的问题有多短，也算一个问题吗?"先生回答："是的。"

请问，他可以问几个他原本想问的问题?

假钞制造者

有个胆大妄为的家伙，是一个假钞制造者，他花了近 4 年的时间来研究 100 美元的纸币，从质地到工艺，各个细节都考虑到了，直到他认为做出了完美的伪钞。但是，他第一次用自己做的伪钞，就被逮捕了，这是为什么呢?

糊涂岛上的孩子

糊涂岛上有两个糊涂的孩子，因为没有日历，日子总是过得糊里糊涂的，常常弄不清楚今天是星期几。于是在上学的路上，他们想把这个问题弄清楚。

其中一个孩子说："当后天变成昨天的时候，那么'今天'距离星期天的日子，将和当前变成明天时的那个'今天'距离星期天的日子相同。"

根据这个糊涂孩子说的糊涂话，你能猜出当天是星期几吗?

存放的地方

有一个案件正在审理，证人说，当时他及时把一个很重要的表单夹在一本书 215 页和 216 页之间，才得以幸存。这种说法合情合理。但是，对方律师很快就指出他做的是伪证，你知道原因是什么吗?

残酷的战役

有两个国家，他们的皇后各有两匹战马，他们之间因为一些原因进行了一场残酷的战争，最后一个国家的两匹战马牺牲了，另一个国家的一匹战马牺牲了。在战争结束后，三匹死去的战马和一匹活着的战马并肩躺倒了一起。这究竟是怎么回事呢？

选择牙医

有个小孩因吃了过多的甜食，导致牙齿被虫子咬得乌黑发亮。星期六的上午，妈妈带他去镇上唯的一家牙科医院就诊。医院里只有两个医生，一个有一口好牙，另一个的牙齿却很糟糕。妈妈正在犹豫是否去市里就诊，小孩却坚决选择了牙齿糟糕的那位医生帮他看牙。请问，你知道这是为什么吗？

被偷的小偷

有一个职业小偷，一天，他溜到地铁上去作案，先偷了一位时髦小姐的钱包，等她下车后他又接连偷了一位西装革履的男子和一位白发苍苍的老太太的钱包。他兴高采烈地下了车，躲在角落里清点了一下，发现三个钱包里总共不过100元，接着他又惊叫起来，原来与这三个钱包放在一起的他自己的钱包也不翼而飞了，那里面装着1000多元呢！他口袋里还有一张纸条，上面写着："让你这该死的小偷尝尝我的厉害，看看你偷到谁头上来了！"

猜猜看，那三个人中，究竟是谁偷了他的钱包呢？

标点的妙用

标点不仅仅应用在写作中，正确使用标点符号对解数学题也有很大帮助。下面是一道没有标点的古代数学题，你能正确标出标点，然后计算出来吗？

“三角几何共计九角三角三角几何几何”

令人失望的“海归”

在摩洛哥城，有一位具有相当地位的贵夫人特意从美国弄来一条小狗克莉。克莉不亚于名犬拉西，夫人设法把它培育成世界第一流的名犬，专送到德国哈根贝克“留学”，因为那里有世界著名的动物园。训练完毕，回到夫人身边的克莉不知为什么主人的话一句也不听，更不要说什么技巧动作。可是，从哈根贝克动物园的来信中清楚地写着：“只要主人吩咐，动作大体上都能做得出来。”真是怪事，夫人完全陷入思考之中，到底为什么呢？

破译密码

一天，某军总司令部截获一份秘密情报。经过初步破译得知，下几初，敌军的三个师团将兵分东西两路再次发动进攻。在东路集结的部队人数为“ETWQ”，从西路进攻的部队人数为“FEFQ”，东西两路总兵力为“AWQQQ”，但到底是多少却无从得知。后来，苦思不得其解的密码竟然被一位数学老师破译了。你知道数学老师是怎么破译的吗？

蟑螂的启示

湖面上漂浮着一具男尸，看上去很像是溺水自杀。警察接到报案后，迅速赶到现场。尸检时，在被害人的内衣里发现了一只蟑螂。

警察立刻断定说：“这个人是在室内被杀死，然后转移到湖里的。”

请问，警察的根据是什么？

过　关

在古代欧洲某个地方有这样一个规定：商人带着商品每经过一个关口，就要被没收一半的钱币，再退还一个。有一个商人，在经过10个关口之后，只剩下两个钱币了，你知道这个商人最初共有多少个钱币吗？

白纸遗嘱

作曲家简和音乐家库尔是一对盲友。简病危时曾请库尔来做公证人立下一份遗嘱：把简一生积蓄里的一半财产捐给残疾人福利机构。随即让他的妻子拿来笔和纸，以及个人签章。他在床头摸索着写好遗嘱，装进信封里亲手密封好，郑重地交给库尔。库尔接过遗嘱，立即专程送到银行保险箱里保存起来。一星期后，简死于癌症。在简的葬礼上，库尔拿出这份遗嘱交给残疾人福利机构的代表手中。但当代表从信封中拿出遗嘱时，发现里面竟然是一张白纸。

库尔根本无法相信，简亲手密封、自己亲手接过并且由银行保管的遗嘱会变成一张白纸！这时来参加葬礼的尼克探长却坚持认定遗嘱有效。众人都疑惑不解地看着尼克探长期待着他的解释。你认为探长会怎么解释？

黑色星期五

如果 4 月 13 号是星期五，那么距离下一个星期五有多少天？

找快乐数

知道什么叫快乐数吗？一个数将它每位数的数字平方再加起来，然后重复前面的程序，如果最后能得到 1，那么，这个数就是快乐数。以 139 为例：

$1^2+3^2+9^2=91$；$9^2+1^2=8^2$；$8^2+2^2=68$；$6^2+8^2=100$；$1^2+0^2+0^2=1$，所以 139 是快乐数。

你能找小 20 以内的快乐数吗？

过独木桥

妞妞跟着挑着箩筐的爸爸过独木桥，走到桥中间的时候，迎面走来一个小男孩牛牛。妞妞和牛牛谁也不肯让谁，妞妞的爸爸怎么劝说也不行，于是他急中生智，想出了一个办法。使他们各自都过去了。你知道应该怎么做吗？

护送宝马

一位欧洲富人不惜重金从亚洲买了一匹日行千里、夜走八百里的宝马。为了把马安全运送到家，他专门请了一支手枪队来保护这匹马。当手枪队和这匹马同在火车的同一节车厢上，走在开往欧洲的路上时，马却被盗了。据说这支大约有 10 人的手枪队一直和马寸步不离，并不是手枪队监守自盗，但这究竟是怎么回事呢？

假手镯

一个女孩很喜欢收藏手镯，一次，她出国旅游，看见一个人卖的手镯非常漂亮，一下子就买了 10 只回来。当时卖主告诉她，有一只较重的假手镯混在另外 9 只规格相同的真品中，请她自己回家后挑出来。

她觉得这是一件非常简单的事，就回到了旅店。现在她手头只有一架没有砝码的天平，如果最多只准称两次，能把假手镯找出来吗？

分绿豆

奶奶让孙子把小麦倒入一个空袋子里，马虎的孙子看也没看就把小麦倒入了一个装着绿豆的袋子里。幸好绿豆的袋子用绳子扎得很紧。要求不能借助其他任何容器，也不能将粮食倒在地上或其他地方的情况下，先把绿豆倒入另一个袋子中。你知道怎样做吗？

“十五点”游戏

在娱乐场里，有一种叫作“十五点”的游戏。

游戏的庄家大声喊道：“来吧，朋友们。规则很简单，你们只需要把硬币轮流放在 1 到 9 这些数字上，先放谁都可以。”他继续说道：“你们放硬币，我放大钞，谁首先把自己放置的三个数字加起来为 15，谁就赢了，桌上的钱就全数归他。”

我们先演示一下游戏的过程。某人先放，他把硬币放在 7 上（7 已被盖住，他人就不可再放了，其他数字也是如此），庄家把一张大钞放在 8 上。

那人第二次把硬币放在 2 上，这样再用一枚硬币放在 6 上就可和为 15，于是他以为就可以赢了。但庄家第二次把大钞放在 6 上，堵住了他的路。现在，庄家只要在下一轮把大钞放在 1 上就可获胜了。

那人看到这一威胁，便把硬币放在1上。庄家下一轮笑嘻嘻地把钞票放到了4上。那人看到他下次放到5上便可赢了，就不得不再次堵住他的路，把一枚硬币放在5上。但是庄家却把大钞放在3上，因为8＋4＋3＝15，庄家已经赢了。

这里面有一个一定会赢的秘密，你知道庄家是怎么做的吗？换句话说，你会玩这个“十五点”游戏吗？

九子成百

下面这个问题渊源已久，可是却一直不停地出现在讨论数学游戏的书中，好像从来没有被分析过似的。问题是：依1、2、3、4、5、6、7、8、9的顺序写下这些数字，再加上一些运算符号使整个等式等于100。运算符号可以随心所欲地使用。如果运算符号只限于“＋”或“－”，问题可能稍微难些，但是也有许多答案，试试看吧。

怎样让88888888＝1000

这个式子是不可能成立的，但是只要你能在8个数字“8”中的合适位置加上“＋”，等式就会成立。不妨开动脑筋试试看。

神秘的学者

一个盛大的晚会上，在无数知名人物中，有一位沉默寡言的数学家。不知是怕此人受冷落还是为了寻开心，主人要求这位数学家讲点儿有趣儿的事。数学家说：“把我的眼睛蒙上，然后你们随便写一个数目，我叫加就加，叫减就减，最后得数是多少我一定能知道。”

于是，人们把他的眼睛蒙上了，然后写了个8973，等写完了，他说：“在这个数后面添上2。”于是数字就变成了89732。他又说：“把这个数横着加起来。”于是 8＋9＋7＋3＋2＝29。他又说：“再横着加起来。”2＋9＝11。“再横加一遍。”1＋1＝2。他又说：“再用 9 乘。”2×9＝18。然后又说：“再横加一遍。”1＋8＝9。这时他笑了笑说：“用这个数乘 5 再除以 3 就等于 15。”果然不错。你知道这是什么道理吗？

工资陷阱

有一家公司要给雇员涨工资，有以下两个方案。

方案一：初始工资是年薪 10000 元，每一年增加 2000 元。

方案二：初始工资是年薪 10000 元，每半年增加 500 元。

如果你是该公司的雇员，你选择哪种方案？

心灵感应

甲指着一块怀表的表面对乙说：“请你在表面上表示小时的 12 个数字中默认一个数字。现在我手中有一支铅笔。当我的铅笔指着表面上的一个数字，你就在心中默念一个数。我将用铅笔指点表面上的一系列不同的数，你跟随我在心中默念一系列数。注意，你必须从比你默认的数字大 1 的那个数字默念起，例如，如果你默认的数字是 5，你就从 6 开始念，然后按自然数顺序朝下念，我指表面上的数。你默念心里的数，我显然不知道你心里默念的是什么数，当你念到 20 时，就喊‘停’，这时我手中的铅笔，一定正指着你最初默认的数。”

乙认为这是不可能的，因为甲并不知道自己从哪个数字开始默念。但出乎意料的是，当他按甲所说的操作一遍的时候，甲手中的铅笔正指着他心中默认的那个数字！

想想看，甲是如何做到这一点的？

用“眼”估估看

下面有两个数阵，第二个数阵中的各个数字与第一个数阵中的各个数字是相同的，只是排列相反。请你先用眼观察这些数，比较一下两边是不是一样，然后再把数加起来进行核算，哪一栏加起来的数大？

图画报平安

古时候，连年战乱，朝廷经常去抓壮丁。一天，一个农夫在地里干活儿的时候就被朝廷抓到了边疆打仗。好几年过去了，他天天想念家中妻儿，他的妻子也在等着他回来，等得头发都白了。

有一年快过年了，妻子又想起丈夫，忍不住痛哭起来。忽然来了一个陌生人给她送了一封信，说：“我在边疆做生意，正好碰上了你丈夫，他让我捎个信儿给你。”妻子打开一看，里面没有一个字，只有四幅画。第一幅是 7 只鸭子，第二幅是空酒瓶，第三幅是一头死的大象，第四幅是一个人骑着马向一间房子飞奔。妻子看完了，想了一下，就破涕为笑了。那么，你知道这四幅画是什么意思吗？

有趣的图片

把整幅图旋转 90 度你会发现其中的奥秘。你知道人脸是由什么组成的吗？

假币谜题

有十堆银币，每堆十枚。已知一枚真币的重量，也知道每枚假币比真币重1克，而且你还知道这里有一堆全是假币，你可以用一架台式盘秤来称克数。

试问最少需要称几次才能确定出假币？

见“鸡”行事

从前有一个地主，很爱吃鸡，佃户租种他家的田，光交租不行，还得先送一只鸡给他。有一个叫张三的佃户，年终去给地主交租，并佃第二年的田。去时，他把一只鸡装在袋子里，交完租，便向地主说起第二年佃田的事。地主见他两手空空，便两眼朝天地说：“此田不予张三种。”张三明白这句话的意思，立刻从袋子里把鸡拿了出来。

地主见了鸡，马上改口说：“不予张三却予谁？”

张三说：“你的话变得好快啊！”

地主回答了一句话，让人啼笑皆非。你知道他是怎么回答的吗？

自鸣的磬

从前，有一个和尚，他的房间里收着一个磬。这个磬有时半夜三更或大白天突然发出响声。和尚以为是鬼在捉弄他，十分惊慌，终于得了病。

一天，和尚的朋友来看望他，就在探望时，传来了寺院里敲钟的洪亮响声，这时，和尚房里的磬也跟着响了起来。和尚吓得面色惨白，浑身哆嗦。这位朋友一下就明白了，他找来一把锉，把磬上锉缺几处地方。从此以后，磬就不再自鸣了，和尚的病也好了。

你知道这个磬不敲自鸣的秘密在哪里吗？

烧香定时间

有两根不均匀分布的香，烧完一炷香需要 1 个小时，你能根据这两根香燃烧的时间来确定一段 15 分钟的时间吗？

不翼而飞的 100 元

一天，三位好友一起到外地旅游，晚上住在当地的一家旅馆里。三人各拿出 1000 元付住宿费。后来老板知道她们三个是同乡，就只收了 2500 元的住宿费，于是叫服务生把 500 元拿去退给她们。但服务生一时起贪念，从中拿走了 200 元，只退给三人 300 元，每人各得 100 元。但是，1000－100＝900，表示每个人实际上只出了 900 元。然而，900×3＝2700，表示三个人凑了 2700 元的房租。但是，2700＋200＝2900 元。请问还有 100 到哪里去了？

六个 A

在这下面两个加法算式中，每个字母都代表 0～9 的一个数字，而且不同的字母代表不同的数字。

$$\begin{array}{r} A\ A\ A \\ A\ B\ B \\ +\ C\ C\ C \\ \hline F\ G\ H\ I \end{array} \qquad \begin{array}{r} A\ A\ A \\ D\ D\ D \\ +\ E\ E\ E \\ \hline F\ G\ H\ I \end{array}$$

提示：判定 A＋B＋C 和 A＋D＋E 的值。

英文数字等式

下列等式在什么情况下成立？

```
    T H R E E
    T H R E E
+     F O U R
-------------
    E L E E N
```

诗句等式

下列等式在什么情况下成立？

年年×岁岁＝花相似

岁岁÷年年＝人÷不同

速算 24（Ⅰ）

用扑克牌玩“速算 24”游戏在世界上流传很广泛。这种游戏可以四个人、两个人玩，甚至一个人也可以玩。最常见的一种玩法，是使用 4 种花色 A～10 共计 40 张牌。无论几个人玩，都是每次出 4 张牌，利用加、减、乘、

（1）

（2）

（3）

（4）

（5）

（6）

除四种运算符号，并允许使用括号将四张牌的四个点数不重不漏地使用一次，构造出一个表达式，使其结果等于 24。

选择 24 这个数是有其道理的。因为从 1～29 这 29 个数中，唯独 24 有 1、2、3、4、6、8、12、24 共计 8 个约数，这样就使得 4 张牌的 4 个点数能形成 24 的可能性要大一些。

一般来讲，最快捷、最容易让人立刻想到的是乘法，如 3×8、4×6、12×2 等；其次是简单的加法如 14＋10、20＋4、21＋3 等。这些方法是速算 24 游戏中最简捷、最常用的方法。观察图中扑克牌组合，尝试一下上述方法，完成这组游戏。

速算 24（Ⅱ）

比“速算 24（Ⅰ）”中列举的那些方法略微复杂一些的方法，是一些不容易被立刻想到的加法，如 15＋9（或 19＋5）、16＋8（或 18＋6）等。观察图中扑克牌组合，尝试一下上述方法，完成这组游戏。

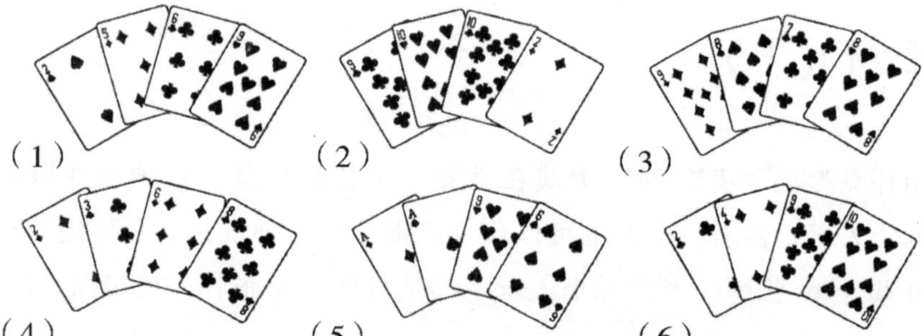

（1）（2）（3）

（4）（5）（6）

速算 24（Ⅲ）

有些扑克牌组合无法单纯用整数加、减、乘、除的运算得到答案，需要借助分数或小数的运算才能解决问题，下面这组“速算 24”就属于这种情况。观察图中扑克牌组合，尝试运用分数或小数计算的方法，完成这组游戏。

（1）

（2）

（3）

（4）

（5）

（6）

（7）

（8）

（9）

纵横平方

用 4 张牌组成一个 2 行 2 列方阵，使得每一行上的两张牌的点数组成的两位数是一个完全平方数，每一列从上往下两张牌的点数组成的两位数也是一个完全平方数。

你能摆出几个这样的方阵？

加法字谜

(1) 20＋1＋1

（打一字）

(2) 23＋81

（打一字）

特别提示：此类字谜，十分特别而有新意，需要充分发挥自己的想象力，将数字、符号等具象化并与类似文字或文字的偏旁部首扣合。

减法字谜

$$700-1$$

（打一字）

加减法字谜

$$10+10-8$$

（打一字）

加法等式字谜

(1) $31+13=323$

（打一字）

(2) 100 天＋100 天＝?

（打一字）

(3) 1 斤＋1 斤＝?

（问号处应为什么字）

除法等式字谜

杜÷? ＝9

（打一字）

加法·乘法字谜

(1) $8+10\times 8$

（打一字）

(2) $9+10\times 8$

（打一字）

加法·除法字谜

$(1+1):(1+1)$

（打一字）

等式字谜组

(1) ？－杳＝晶

(2) ？÷日＝61

（问号处应为何字）

不等式字谜

20 :20≠一

（打一字）

参考答案

变奇为偶

数字 6 的罗马写法为 SIX，而“S”恰好只需一笔，所以答案就是，在 IX 之前加 S。

调皮女孩的年龄

是有可能的。如果这个女孩的生日是 1 月 2 日。回答这个问题的日子是 12 月 31 日，那么，她去年的元旦为 19 岁，今年为 20 岁，过了明天就是 21 岁，后天是她的生日，那时她就是 22 岁了。

没有铁轨的铁路

他所说的 1 千米指的是铁轨之间的缝隙加起来有 1 千米，因为每两根铁轨之间都有一定的缝隙。

古老的谜语

谜语的关键在于复数的运用。他没有双眼，但有一只眼睛。他看到树上有很多李子，他摘下一部分，还留下了一部分。因此，是他摘下了李子又留下了李子。

荒谬的法律

不可能。

按照统计规律，全部妇女所生的头胎男女比例各占一半。如果母亲生了男孩就不能再生孩子。生女孩的母亲仍然可以生第二胎，比例是男女各占一半。生男孩的母亲退出生育的队伍。留下来的仍然可以生第三胎。在每一轮比例中，男女的比例都各占一半。因此，将各轮生育的结果相加起来，男女比例始终相等。当女孩们成长起来成为新的母亲时，上面的结论同样适用。

踢开礼物

那礼物是一只足球。

天气预报

直线思考者通常会随着题目叙述，回答“不知道”“可能会出太阳”等答案。但此题必须考虑到地理情况。意即假设是发生在极圈的话，就会出现太阳；但若是其他地区，由于再过 72 小时后，也就是 3

个昼夜，又是半夜 12 点，因此太阳是不会出现的。

未上保险的名画

这是一幅壁画。任何小偷也不会连墙都一起偷走。

赫尔小姐的罗曼之夜

当后面汽车强烈的灯光射来时，是看不清坐在后面汽车里的人的。哈林顿说他看见了盗贼巴比伦，完全是别有用心的。

辩护律师

因为这个律师正是那个太太。

穿越森林

最多走进森林的一半，因为再往前走就不是“走进”，而是“走出”。

两岁山

当地人将最前面的“12”当作 12 个月，把后面的“365”当成一年的 365 天。因此前后相加，正好是“两岁”。

喝咖啡

一杯咖啡。

太贵的算命费

他已经问过两个问题，所以不能再问问题了。

假钞制造者

因为他是一个色盲。

糊涂岛上的孩子

今天就是星期天。他们真是够糊涂的，竟然在星期天早晨去上学！

存放的地方

因为 215 页和 216 页是在同一张纸上的，是一张纸的两面，中间是不能夹任何东西的。

残酷的战役

他们进行的是国际象棋比赛。

选择牙医

因为医院里只有两个医生，他们的牙痛也只能相互医治，双方的牙齿状况都是对方水平的体现。

被偷的小偷

时髦小姐。因为如果是另两个人的话，他们应该连那位小姐的钱包一块偷走才对，就算他们不全偷，他们也不知究竟哪个钱包是小偷的。

标点的妙用

《三角》《几何》共计九角《三角》三角，《几何》几何？

《几何》书价是六角。

令人失望的“海归”

这条狗在哈根贝克是用德语训练的，听不懂夫人的话，是理所当然的。

破译密码

E＝7，W＝4，F＝6，T＝2，O＝0，东路兵力是7240，西路兵力是6760，总兵力是14000。

细心分析，可以发现只能是Q＋Q＝Q，而不可能是Q＋Q＝20，故Q＝O；

同样，只能是W＋F＝10，T＋E＋1＝10，E＋F＋1＝10＋W。

所以有三个式子：

（1）W＋F＝10

（2）T＋E＝9

（3）E＋F＝9＋W

可以推出2W＝E＋1，所以E是单数。

另外E＋F＞9，E＞F，所以推算出E＝9是错误的，E＝7是正确的。

蟑螂的启示

蟑螂不在野外生存，因此，被害人是在室内被杀害并滞留，在此期间蟑螂钻进了尚有体温的尸体。

过　关

商人最初就只有两个钱币。

白纸遗嘱

其实，简的妻子为了保住遗产，故意把没有墨水的钢笔递给简。由于库尔和简都是盲人，自然也就没有发现，没有字的白纸最终被当成遗书保存下来。

可是，虽然没有字迹，但钢笔划过白纸留下的笔迹仍然存在，如果仔细鉴定是可以分辨出来的，所以遗嘱仍然有效。

黑色星期五

如果4月13号是星期五，那么下一个13号且是星期五的应为7月13号，相距91天。

找快乐数

1，7，16，10，19。

过独木桥

妞妞的爸爸把两个小孩放进两边的箩筐里，转一个身，两个小孩就互相换了位置，各自过桥了。

护送宝马

盗贼将整节车厢都盗走了，包括里面的手枪队。

假手镯

先把 9 只分成 3 部分：A、B、C，每部分 3 只，把 A、B 两部分放在天平的左右两边，如果平衡，则假的在 C 部分里；如果不平衡，哪部分较重，假的就在哪部分里。再把假的那部分里的 3 只手镯中的 2 只分别放在天平的左右盘上。如果平衡，余下的一只是假的；如果不平衡，较重的那只是假的。

分绿豆

先把袋子上半部分的小麦倒入空袋子，解开原先袋子的绳子，并将它扎在已倒入小麦的袋子上，然后把这个袋子的里面翻到外面，再把绿豆倒入袋子中。这时候，把已倒空的袋子接在装有小麦和绿豆的袋子下面，把手伸入绿豆里解开绳子，这样小麦就会倒入这只空袋子，另一个袋子里就是绿豆。

“十五点”游戏

要了解这个游戏的妙处，先列出其和等于 15 的所有三个数字的组合（注意不能使两个数字相同，不能有零）。

这样的三个数字组合只有 8 组：

1＋5＋9＝152＋6＋7＝151＋6＋8＝153＋4＋8＝15

2＋4＋9＝153＋5＋7＝152＋5＋8＝154＋5＋6＝15

这个游戏的诀窍与“幻方”有关，即在一个 3×3 的方格中添入 1 至九个数字，使格中横、纵和对角线都等于同一个数。这里有八组元素，每一组都在一条直线上：三行、三列和两条对角线。每条直线等同于八组三个数字中的一组。因此，在游戏比赛中每组获胜的三个数字，都由某一行、某一列或某条对角线在方阵上代表着。庄家暗自在玩幻方游戏。假如双方都正确无误地进行，最后就会出现和局。然而参加游戏比赛的人总是处于极不利的地位，因为他们不掌握“井”字游戏的秘诀。因此，庄家很容易获胜。

九子成百

这个问题的答案有几百种，下面这个可能是最常被引用的一个：

1＋2＋3＋4＋5＋6＋7＋（8×9）＝100

1＋2＋34－5＋67－8＋9＝100

12＋3－4＋5＋67＋8＋9＝100

123－4－5－6－7＋8－9＝100

123＋4－5＋67－89＝100

123＋45－67＋8－9＝100

123－45－67＋89＝100

英国的数学游戏大师杜登尼更欣赏上面各答案中最后的一个。他说："最后这个答案是如此简短精致，我相信不可能有比这个更漂亮的答案了。"

这个问题虽然如此流行，但是令人想不到的是很少见到有人将数字的顺序颠倒过来做。那就是从 9 开始，写到 1，中间再加上尽可能少的运算符号，直到等式之值为 100 为止。

将 9 个数字从 9 写到 1 再加上 4 个加减号便可以得到一个等于 100 的算式：98－76＋54＋3＋21＝100

如果运算符号少于 4 个是无解的。

怎样让 88888888＝1000

8＋8＋8＋88＋888＝1000

神秘的学者

一般来说，几位数字经过几次横加，就会变成个位数，而任何一个个位数和 9 相乘，得出的数再加都是 9。你知道 9 以后，下边随你怎么算都可以了。

工资陷阱

这道题目告诉我们，直觉有时是多么的不可靠。

恐怕大多数人凭直觉都会选择"就职期每满一年加薪 2000 元"的方案，而不会考虑"就职期每满半年加薪 500 元"的方案。他们最直接的想法可能是：就职期满半年后加薪 500 元，意味着就职期满一年后加薪 1000 元，这当然不如就职期满一年后加薪 2000 元。

事实情况却完全不是这样。

假设甲选择就职期每满一年加薪 2000 元的方案，乙选择就职期每满半年加薪 500 元的方案，我们来看看两人工作头两年的薪水状况：

甲第一年的年薪是 10000 元，第二年的年薪是 12000 元。

乙第一年上半年的薪水是 5000 元，下半年的薪水是 5500，第二年上半年的薪水是 6000 元，下半年的薪水是 6500 元。这样，乙第一年的年薪是 10500 元，第二年的年薪是 12500 元。

以此推算，显然，和甲比较，乙的年薪每年都要多出 500 元！

心灵感应

起先，甲假装深思熟虑，而实际上是随意点了 7 个数字，但是他点的第八个数字必定是 12，第九个数字必定是 11，第十个数字必定是 10，以此沿逆时针方向按顺序点下去，当乙默念到 20 并喊停时。甲点着的必定正好是乙最初默认的数字。

用“眼”估估看

这道题乍一看，好像两栏加起来的得数不会一样，但是仔细看一看，就会看出第一栏中有 9 个 1，相等于第二栏中有 1 个 9；第一栏中有 8 个 2，相等于第二栏中的 2 个 8；第一栏中有 7 个 3，相等于第二栏中有 3 个 7，等等。

由此可以得出结论，两栏中各数加起来的得数一定是相等的。

图画报平安

妻呀（七鸭），好久（好酒）不见了，想（象）死了，马上回家。

有趣的图片

人脸像是由几个坐着的人和一棵大树组成的。

假币谜题

只要称一次！

从第一堆银币中取一枚放在秤盘上，从第二堆银币中拿两枚放在秤盘上，从第三堆银币中拿三枚放在秤盘上，从第四堆银币中拿四枚放在秤盘上，如此等等。如果其中没有假币，你能算出秤盘上的银币该有多重。

因此，如果你发现秤盘上重了多少。就能确定哪一堆是假币，因为堆的序数与拿出的币数是一样的。例如，秤盘上比正常重了 4 克，那么第 4 堆必为假币，因为你从这一堆中取出了 4 枚银币放在秤盘上。

见“鸡”行事

地主答道：“方才是‘无稽（鸡）之谈’，此刻是‘见机（鸡）行事’。”

自鸣的磬

物体每秒振动的次数叫作“频率”，如果两个物体的振动频率相同，一物体振动时，另一物体也会振动。在这个故事里，因为寺院的钟与磬的固有振动频率相近，因此，就可以发出共鸣。把磬锉开几处缺口，改变了磬的振动频率，也就听不见磬鸣了。

烧香定时间

一根香点两端，一根香点一端；当点两端的香烧完时就是半小时，这时再点燃另一根香的未点的一端，从烧完第一根香到烧完第二根香的时间就是15分钟。

不翼而飞的100元

每个人确实只出了900元，所以900×3＝2700，也就是实际上进出的只有2700元，而不是3000元；2700元中，老板收了2500元，服务生拿走了200元，所以正确的算法应该是2500＋200＝2700，不多不少；题目中的2700＋200根本是子虚乌有，是偷换命题的错误算法。

六个A

A＋B＋C或A＋D＋E都不可能大于27（即9＋9＋9）。因为G、H和I代表不同的数字，所以，右列要给中列进位一个数，而中列也要给左列进位一个数，并且这两个进位的数不能相同。在一列的和小于或等于27的情况下，唯一能满足这种要求的是一列的和为19。因此，A＋B＋C或A＋D＋E必定等于19。于是，FGHI等于2109。排除了0、1、2、9这四个数字之后，哪三个不同数字之和为19呢？经过试验，可以得出这样的两组数字：4、7、8与5、6、8。因此，A代表8。两种可能的加法是：

$$\begin{array}{r} 888 \\ 777 \\ +\ 444 \\ \hline 2100 \end{array} \quad 和 \quad \begin{array}{r} 888 \\ 666 \\ +\ 555 \\ \hline 2109 \end{array}$$

英文数字等式

这个等式实际上表示一个简单的加法：84011＋84011＋3590＝171612。可从出现次数多的字母E、R、T、H入手，列出方程可推知E＝1，R＝0，T＝8，H＝4，再进一步推知其他字母代表的数字。

诗句等式

44×22＝968

22÷44＝5÷10

两句诗共14个字，其中6个字是重复的，且以相反的顺序出现。不计这重复的6个字，剩下的8个汉字一定是代表8个数字。解题的关键点在于等式“岁岁÷年年＝

人÷不同”构成整除关系，而且与等式“年年×岁岁＝花相似”关联照应。发挥想象，通过推理、验算便可知答案。

速算 24（Ⅰ）

(1)（6÷3＋6）×3＝24

(2) 8÷（9－7）×6＝24

(3)（10＋2）×（1＋1）＝24

(4)（10－8）×7＋10—24

(5) 3×10－10＋4＝24

(6) 3×7＋2＋1＝24

（还可以有其他解法。）

速算 24（Ⅱ）

(1) 6÷2×5＋9＝24

(2)（9＋10）＋（10÷2）＝24

(3)（9－7）×8＋8＝24

(4) 3×6＋（8－2）＝24

(5)（1＋1）×9＋6＝24

(6) 2×9＋（10－4）＝24

（还可以有其他解法。）

速算 24（Ⅲ）

(1)（5－1÷5）×5＝24

(2)（3＋3÷7）×7＝24

(3)（4－4÷7）×7＝24

(4) 6÷（1－3÷4）＝24

(5) 3÷（1－7÷8）＝24

(6) 4÷（1－5÷6）＝24

(7) 4÷（7÷6－1）＝24

(8) 6÷（1－6÷8）＝24

(9) 8÷（3－8÷3）＝24

纵横平方

将黑桃 5 移至红桃 A 与红桃 9 的下面；将黑桃 8 移至黑桃 7 左边；将黑桃 2 移至黑桃 3 的右边。这样移动 3 张后，这个三角形就倒转了过来，且每条边上的 4 张牌的点数之和都为 20，每条边上 4 张牌点数平方和都为 126，如下图所示。每边点数之和：8＋7＋3＋2＝2＋4＋9＋5＝5＋1＋6＋8＝20。每边点数平方和：82＋72＋32＋22＝22＋42＋92＋52＝52＋12＋62＋82＝126。

加法字谜

(1) 弄（“20”扣“二十”，象形为“弄”的下部分；“1 十 1”可扣合为“王”。合起来为一个

“弄”字。）

（2）基（“23”扣“二十三”，象形并扣合为基字的上部分；“81”扣“八十一”，扣合为基字的下部分。合起来为一个“基”字。）

减法字谜

皂（“700”扣“七百”，组合起来减掉一笔，即为“皂”字。）

加减法字谜

共（“10＋10”扣“二十”，象形为“卄”；减号象形为“一”，“8”扣“八”。合起来为一个“共”字。）

加法等式字谜

（1）非（“31”扣“三一”，扣合为非字的左边；“13”扣“一三”，扣合为非字的右边；而“323”扣“三二三”，扣合为“非”，即为谜底。）

（2）荀（谜面扣“二百天”。如果按月份计时，习惯上，十天为“一旬”，“二百天”即“二十旬”。“卄”可视为“二十”的象形，与“旬”可组成“荀”字。）

（3）斯（谜面扣“共二斤”，可组成“斯”字。）

除法等式字谜

圭（“杜”扣“十八土”）

加法・乘法字谜

（1）米（谜面的结果“八十八”且恰好由“8”、“10”、“8”组成，即扣合为“米”字。）

（2）杂（谜面扣“八十九”，从下到上正好组成“杂”字。）

加法・除法字谜

琵（“1＋1”可用汉字写成“一十一”，即“王”字。此谜面两端的部分均为“1＋1”，可用汉字写成两个“王”字；谜面的两个算式之间还有一个数学符号“ ∶”，即“比”的意思。两个“王”，一个“比”，即“琵”字。）

等式字谜组

（1）昔（“杳”扣“十八日”，“晶”扣“三日”，则只有“二十一日”减去“十八日”为“三日”。“二十”可象形为“卄”再加上“一日”，即为“昔”字。）

（2）音（“立”扣“六一”，即“61”。）

不等式字谜

苹（如果把谜面看成体育比赛的比分，则扣“二十平”。“艹”可视为“二十”的象形，与“平”字构成“苹”。）

本书配有智能阅读助手

为您1v1定制本书阅读计划

帮助您实现“时间花得少，阅读体验好”的阅读目的

建 议 配 合 二 维 码 一 起 使 用 本 书

您可根据自己的学习需求，量身定制专属于您的阅读计划：

阅读方案	学习时长指数	为您提供的资源类型	帮助您达到以下学习目的
1. 高效阅读	学习频次 较低 每次时长 较短 总共耗费时长 ■■	技巧类、知识总结类	每次集中时间，帮孩子快速训练思维游戏技巧。
2. 轻松阅读	学习频次 较高 每次时长 适中 总共耗费时长 ■■■■	基础类	每天读一点，让孩子跟着游戏，简单了解思维知识。
3. 深度阅读	学习频次 较高 每次时长 较长 总共耗费时长 ■■■■■■	拓展类、拔高类	阅读拓展资料，深挖孩子思维潜能。

针对您选择的阅读计划，您可以享受以下权益：

立刻获得的主要权益

1套少儿成长类专题网课
名师亲授
促进孩子健康成长

1套本书配套资料包
由出版社独家提供
高效辅助课外阅读

1套专享礼券包
内含实体书和课程专享礼券包
可在积分商城兑换实体书或精品课

每周获得的主要权益

线上听课提醒
16周少儿课程线上学习提醒
每周提醒1~3次

专属伴读资讯
16周学习/升学最新资讯
每周2次

亲子活动
16周家庭亲子活动方案
每周1次

配套线上读书活动
16周群内公开课与伴读答疑
每周1次

精选好书推荐
16周少儿读物类好书推荐
每周1次

长期获得的主要权益

- **线上精品课**　名师线上精品课分享　不少于1次（不定期）
- **线下活动报名**　线下辅导课或夏令营活动推荐　不少于1次（不定期）

微信扫码

首次添加智能阅读助手的步骤

第一步：扫描本页二维码

第二步：点击 点击雇佣我 ，长按识别二维码，添加智能学习助手。
或者，您也可以点击 点击查收 ，然后点击 点我加好友 ，长按识别二维码，添加智能学习助手。

第三步：点击 雇佣我吧 ，根据页面提示填写【本书完整书名】，即可获取本书的配套服务。
（您也可以选择页面下方【跳过步骤】直接进入首页）

第四步：点左上角 进入首页，点击【1V1定制读书计划】，可为您定制本书阅读服务方案。

再次使用智能阅读助手的方法

方法一：打开手机微信，在【微信】界面下拉（如图一所示），找到智能阅读助手的图标 ，点击即可。

方法二：打开手机微信，在【发现】界面点击【小程序】（如图二所示），找到智能阅读助手的图标 ，点击即可。

方法三：微信再次扫描本页二维码，按照步骤指引使用。

图一

图二

❶鉴于版本更新，部分文字和界面可能会有细微调整，敬请包涵